レベルアップ授業力
―― 算数 ――

計算について考え、
感動を味わう子どもを
育てる「演出」

「ドラマ」を生み出す計算授業

山本 良和

学校図書

はじめに

　新学習指導要領が平成23年度から完全実施となる。算数科では，指導内容が大幅に増えるに伴い，各学年で扱われる内容も１学年前倒しされて指導されるような印象である。そんな中，心配になってくるのが，指導内容をこなさなければいけないという思いから教え込みの授業が増えるのではないかということである。指導要領が変わる度に，算数の授業観が振り子の如く大幅に変わるようでは困る。算数授業の不易の部分を大事にしたいものである。

　本書では，特に算数の指導内容の不易とも言える計算指導について，こういう変動の時期だからこそ改めて見つめ直したいと思う。新学習指導要領でも「計算の仕方を考える」ということが重視されているが，計算は「できればいい」というものではない。子ども自らが計算の原理を考え，それを理解するまでの過程にこそ価値がある。教え込みでは決して味わえない価値である。そして，その過程は，子どもから「アッ，そうか！」「わかった！」という声が生まれる一種のドラマでもある。

つまり，計算の仕方を考える子どもを育てるためには教師の「腕」，即ち，授業の「演出」が必要なのである。「計算は面白い！」「計算は不思議だ！」といった子どもの声を1年生の段階から引き出すために教師がすべきこと，その原理と実践例を「演出」という視点で整理しようと考えた。入学時よりこのような計算観を育てることが，実は最も大事なことである。

　そのため，本書では，特に子どもが計算対象となるものに対して実感を持って考えられる整数範囲での計算に焦点を絞り，子どもに確かなそして豊かな計算観を育てるために必要な小学校算数入門期からの演出について具体的に紹介してみた。整数の範囲での計算に対して豊かな計算観を身に付けた子どもは，必ず小数や分数の計算に対しても自ら働きかける力を蓄えられるという思いがあるからである。
　本書が，計算を楽しみ，計算が好きだという子どもを育てる一助となればこんなに嬉しいことはない。

山本良和

目次

第1章　ドラマを生み出す計算授業 …………………………………………7
第2章　ドラマを生み出す計算授業を支える教師の役割 ……………11
第3章　「計算を教える」とはどういうことか？ ……………………14
第4章　計算指導を「演出」するポイント ……………………………26
　1．「反復（スパイラル）」という観点から
　　　意識したい「演出」のポイント ……………………………………27
　2．演算決定能力を意識した「演出」のポイント ……………………31

第5章　「演出」によって引き出したい子どもの姿 …………………35
　1．さらに先を自ら追究しようとする子ども …………………………36
　2．いつでも使えるのか確かめようとする子ども ……………………36
　3．数に対する直感の精度が高い子ども ………………………………37
　4．友達の考えを読み取ろうとする子ども ……………………………38
　5．異なる考えを融合しようとする子ども ……………………………38
　6．疑問点をごまかさない子ども ………………………………………38
　7．自分の考えをもとに計算しようとする子ども ……………………39
　8．楽をする方法を考えようとする子ども ……………………………40
　9．試行錯誤しながら多様な視点で
　　　計算してみようとする子ども ……………………………………40
　10．「計算は不思議なもの，面白いもの」
　　　という計算観を持った子ども ……………………………………40

第6章　「演出」で育てられる子どもの計算観の適時性 ……………42

第7章　ドラマを生み出す教師の「演出」……………………45

[第1学年]
1. 計算技能の習熟を図る場面においてゲームを
  活用する「演出」──「**たし算**」………………………47
2. 「学習課題」と「子どもの問い」の関連という
  視点からの「演出」──「**繰り上がりのあるたし算**」……50
3. 子ども全員のイメージを引き出し，生かす「演出」
  「**繰り下がりのあるひき算**」……………………………53

[第2学年]
1. 互いのイメージを認め合う場の「演出」
  「**たし算の工夫**」………………………………………57
2. 演算の意味と日常言語の関係を意識させる「演出」
  「**かけ算**」………………………………………………59
3. 「当たり前」を疑うことによって生まれる「演出」
  「**かけ算九九**」…………………………………………63

[第3学年]
1. 計算の仕組みを探らせる「演出」──「**たし算の工夫**」……66
2. 演算同士の関係を意識させる「演出」──「**わり算**」……70
3. 演算の範囲を拡張していく「演出」──「**わり算の拡張**」……74
4. 子どもの感動詞を活かした「演出」──「**あまりのあるわり算**」……78
5. 筆算を使わずに計算できる
  面白さを味わわせる「演出」──「**かけ算**」…………82
6. 計算の中に存在するきまりを
  帰納的に意識させる「演出」──「**2桁のかけ算**」……87

7. 計算に対して自ら問いかけていく態度を
引き出す教師の「演出」──「2桁のかけ算」習熟 ……………91

[第4学年]
1. 式と式の関連を意識させる「演出」
「2桁でわるわり算」……………………………………………98
2. 既習の計算との関連を意識させる「演出」
「2桁でわるわり算」……………………………………………105
3. わり算のきまりを視覚的，操作的に実感させる「演出」
「2桁でわるわり算」……………………………………………107
4. 異国の計算と比較させる場面の「演出」
「2桁でわるわり算」……………………………………………110
5. 獲得した見方を使う面白さを味わわせる「演出」
「偶数・奇数」……………………………………………………114

第8章．整数の計算で行った「演出」のその後の効果 ……………118
1. 演算決定 ………………………………………………………119
2. 計算の処理の仕方と意味付け ………………………………121
3. 小数のかけ算の筆算形式 ……………………………………122
おわりに ……………………………………………………………124

第 1 章

ドラマを生み出す計算授業

第1章

<u>計算指導のゴールは，子どもたちが計算問題を解けるようになることである。それも正確にできることは勿論のことだが，速く解けるようになることが重要である。</u>

　さて，この文面に対して読者の皆さんはどのように感じるだろうか。実際に教壇に立って指導している教師のうち，一体どのくらいの方が違和感を覚えるだろうか？もし，これに対して全く違和感を持たない教師に子ども達が指導されるとすると，日本の算数教育の行く末は恐ろしいと言わざるを得ない。本書は，まず，上記のような計算指導に対する価値観を覆したいという思いで書き始めている。

　しかし，多くの日本の教師は，この文面に対して「ここに書かれているような薄っぺらな目的で計算指導が行われているのではない」と考えていると信じたい。「でも，実際に目の前にいる子ども達は十分に計算ができないので，まずはドリルなどの計算練習を通してとにかく計算できるようにしたいんだ」と，取りあえず上記のようなことを当面の目標としている教師が多いのではないかと思う。

　そもそも計算指導は何のために行っているのだろうか。算数だから計算ができるように指導するのは当然だと言われてしまえばそれでお終いかもしれないが，そのもっと奥深いところの理由を考えてみたいのだ。

　計算は人間の歴史とともに発展してきた貴重な文化である。今日の科学の発展は数学の発展，いや計算の発展抜きにはあり得ない。計算指導には，そんな文化としての計算を継承する，あるいはこれからの社会を更に発展させ

る源として扱うという意味合いがある。

　だからこそ，小学校段階からたし算やひき算といった簡単な計算に始まり，徐々にレベルアップさせながら計算という文化を継承していく。それは言い換えれば人類が数

を発明し，認識し，それを演算処理するようになってからの歴史を1人の人間の成長過程という短期間で振り返り，なぞっているようなものである。

　おそらく，数を発見し，その処理方法を発明していった先人たちは，生活を便利にかつ豊かにする計算のよさを肌で感じ取っていたであろう。そして，その都度，大いに感動もしただろう。

　では，現代の算数の授業で計算を学習している子どもたちはそのような感動を味わっているだろうか。やはり，感動を味わうということが，計算のよさを体感している子どもの姿であるはずである。だから，算数教育で行われる計算指導では，このように新たな計算を学ぶということに対して感動を味わうという体験を，子どもに保障することがとても重要になってくるはずである。

　例えば，数の処理形式を教えられ，それを覚えて機械的に処理する筆算指導。こんなことをどれだけ繰り返しても，子どもに大きな感動は生まれないだろう。精々正しい答えが導き出せて，先生や保護者に褒められる喜び程度の感情だろうか。

　計算の背後にある考え方を理解し，計算処理の方法を自ら生み出していっ

たとき，子どもにも感動が生まれてくる。この感動は，達成感や成就感，あるいは発見・発明する喜び，イメージできる楽しさ，数の仕組みの面白さ等を体験することだと言ってもよい。それは，先人が歩んできた営みの追体験であり，先人が味わっていた心の機微までも共有していることなのである。

　平成23年度から完全実施される新学習指導要領では，「計算の仕方を考える」ということが重視されている。「計算の仕方を覚える」や「計算の仕方を使うことができる」ではないというところに注目したい。子ども自身が計算の仕方を考えることによって，自ら獲得する喜びや感動を味わえることを大事にしていると読み取ることもできる。
　つまり，計算処理場面に対して子ども自身が問いを持ち，そしてその問いの解決に向かって自ら試行錯誤する場が存在し，最終的に自分が納得できる計算の仕方を創り出していくという光明を見出す過程が「計算の仕方を考える」ことなのである。当然，そこには達成感や成就感とともに「感動」という感情を伴うことにもなる。言わば，子どもにとっては一種のドラマである。

　そして，感動を伴って獲得した計算の原理を定着させる過程においても，数値に意味のない計算をランダムに繰り返すようでは折角の「感動」も深まらない。数値自体に意味を持たせた計算練習を通して，更に新たな計算の面白さに気づいたり，数の不思議さを発見したりしながら追求していくような計算練習場面を用意したい。
　やはり感動ある計算指導，つまり，ドラマを生み出す計算授業を実現すること，これこそ大事にすべき計算指導の姿である。

第2章

ドラマを生み出す
計算授業を支える
教師の役割

第2章

　子どもにドラマを生み出す計算授業を実現するためには，授業における教師の役割も変わってくる。つまり，「伝達」から「演出」への転換である。
　ここではあえて「演出」という言葉を用いてみた。最初に，その意図について述べておきたい。

　計算指導をする教師は，当然，子どもたちの学習対象である計算の仕組みを理解している。言い換えれば，それは完全なる知識として教師の中に蓄積されているものである。一方，学ぶ側である子どもの方は，対象となる計算に関する情報をどこからか，あるいは誰からか得ていなければ，全く無垢な状態で学習対象に立ち向かっている。基本的には何の知識も持ち合わせていない「無」の状態と言ってもよい。教師にとっては「当たり前」のことが，子どもにとっては「当たり前」ではないわけだ。だから，同じ計算というものに対する立ち位置が教師と子どもでは全く異なっているという事実を，我々教師はまず意識しておくことが必要である。

　例えば，既に計算方法を理解している教師が，「私はそんな計算方法ぐらい分かっているよ」といった立場から子どもを見下すように接していくようでは，初めて計算について学習する子どもの気持ちを共有することはできない。つまり，計算の仕方を当然のこととして子どもに伝え，繰り返し練習させる教師はそのような教師の典型であり，子どもがどのような気持ちで計算に向かっているかを考えていないのである。
　計算指導を通して子どもたちが達成感や成就感，あるいは発見する喜びやイメージできる楽しさ，数の仕組みの面白さ等を体験させるためには，教師自身が子どもと同じ立ち位置に立ち，自分も分からないふりをしながら子どもの感動を「演出」していくようにしなければならないわけである。それは，如何に子どもを愉しませるのかを考えることと言ってもよいだろう。こ

こでいう「愉しませる」とは，それまで見えていなかったことが見えるようにすることである。計算の原理を発見的に子どもに獲得させるようにすることだと言い換えてもよい。

新学習指導要領でも否定された教え込みによる計算指導。これまでそのような計算指導をしてきた教師も，これからは計算の指導法として「演出」する方法を習得しなければならないわけである。これは，言葉で言うのは簡単なことだが，計算の仕方を教え込むことに慣れてしまった教師にとっては，実のところどのような「演出」をすればよいのかということがなかなかイメージできないと思われる。

それは，「教える」ということ自体に対する教師の認識が曖昧であることに起因すると思われる。教師は文字通り「教える」のが仕事。だから，「〜について教えて！」とか「〜を教えてあげるよ」というように，「教える」という言葉に触れることは至極当然のことであり，別段何の疑問を持つこともなく用いている。だからあまりにも当たり前過ぎて，その言葉の指す意味を深く考えていないのではないだろうか。しかし，改めて「教える」とはどういうことなのかと意識して考えてみると，とても奥が深いということに気付くであろう。だから，教師自身が自分が抱く「教える」という意識や感覚を再確認してみることによって，初めて本書でいう子どもにドラマを生み出す「演出」ということが意識できるようになる。

第3章

「計算を教える」とは
どういうことか？

○……………「計算を教える」とはどういうことか？

　まず，一般的に「教える」という言葉の意味を考えた場合，そこには大きく分けて2つの意味合いが含まれている。一つは「伝える（伝達）」であり，もう一つは「引き出す（誘発）」である。

　例えば，「これは何？」と問いかけられたとき，問われた「これ」を「教える」のは「伝える（伝達）」である。このとき教えるモノは，何かと問われた「これ」に対応するモノの名前，即ち名詞である。

　また，「図書館まで行く道を教えてください」と言われた場合，例えば次のような説明をするだろう。

　「次の交差点を右に曲がって，そこから100m程歩いたら病院があるので，その角を左に曲がって2つ目の信号を右に曲がったところにありますよ」

　この場合は，道順を教えるために目印となる建物等の「名詞」を示すとともに，そこですべき動作・行為を表す「動詞」を用いている。なぜならば，「どのように（行けばよいのか）」という方法・手続き・手順を伝えているからである。つまり，「伝える」モノには「名詞」以外にも「方法・手続き・手順」というものが存在する。言い換えれば，「名詞」や「方法・手続き・手順」は，情報として相手に伝わるものだということになる。

　これらは，計算で言えば「たし算」という用語（「名詞」）や筆算のアルゴリズム（「方法・手続き・手順」）を「伝える（伝達）」ということにあたる。

　ところが，なぜ筆算のアルゴリズムで計算できるのかという理由，すなわち計算の原理を伝えることは簡単ではない。「2桁×2桁の筆算」を例として説明しよう。

　まず，教師が右のように「23×14」の筆算をやって見せ，「まず位を揃えて上と下に数を書きます。次に一の位の4×3＝12で1繰り上がって，今度は4×2＝8だから繰り上がった1をたして9…」というように筆算のアルゴリ

```
   2 3
 ×1 4
 ─────
   9 2
  2 3
 ─────
  3 2 2
```

第3章

ズムを順番に説明する。その後，子ども達自身に真似させながらやらせてみて，正しくできた子どもには○をつけてあげ，「よくできましたね」と褒めてあげる…。まさしくこれは手続きを「伝える」場面の情景である。

だが，これだけでは子どもたちは「2桁×2桁のかけ算」とは何をしていることなのかという演算の意味理解と，「2桁×2桁のかけ算」の計算原理はわかっていないということは想像できるだろう。

「2桁×2桁」の計算の背景にある原理を子どもに理解させるためには，まず，子ども自身が「2桁×2桁」の計算に働きかけたくなるような場面（教材）設定の工夫が必要になる。また，試行錯誤を通して子どもなりに原理を発見できる過程を「誘発する」ように授業構成を工夫することも必要である。すなわち，子どもがかけ算の筆算をつくっていくような授業である。

具体的に示そう。

「筆算をつくる」というのは，かけ算に対して子どもが自分なりの見方で働きかけ，その処理の過程を自分自身で整理していくことである。そこでは，計算処理の仕方に子どもなりの目の付けどころが反映されるとともに，子どもなりの意味付けがなされる。

例えば13円のものを12個買ったときの代金を「13×12」と表し，その計算について考える場合，下図のような絵を描けば見事に説明はつく。

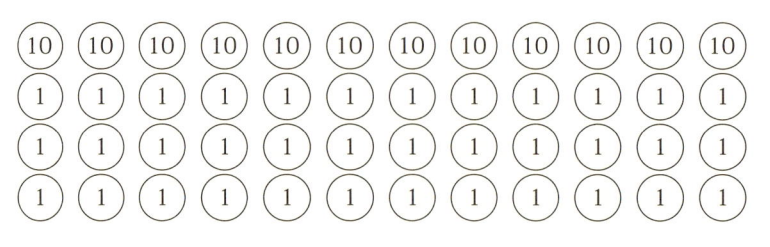

つまり，10円玉は「10 × 12 = 120（円）」，そして1円玉は「3 × 12 = 36（円）」，合わせて120 + 36 = 156（円）となる。これはそのまま筆算につながる考え方でもある。しかし，「筆算をつくる」には，伝統的な筆算形式に素早く直結させるだけでは不十分である。

この場合，まずお金には数としての大きさが感じ取れないという問題点がある。実際に見える数は10円玉の「12」個という数と，1円玉の「36」個という数であり，「156」という数の量感が伴っていない。

子どもが「13 × 12」のかけ算が表す「156」という数の量感を実際に感じ，その計算の意味を考えていくためには，働きかける対象としてアレイ図を用いるようにしたい。子どもたちは，●の数を数えるためにアレイ図を縦や横に分けて数えようとし始める。

■ アレイ図

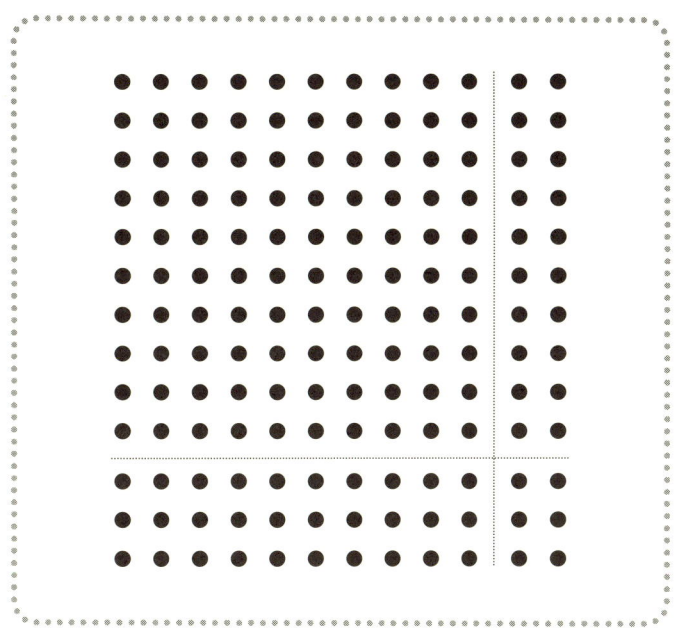

第3章

　例えば前頁に示した分け方は,「13 × 12」の筆算に対応させたものである。しかし、いきなり子どもがこのような分け方をするはずがない。
　「13 × 12」の場合,実際に子どもたちの考える方法には,次のようなものが多い。

【アレイ図を左右に分ける】
① 13×6+13×6　（13×6×2）
② 13×10+13×2
【アレイ図を上下に分ける】
③ 12×10+12×3

　これらは,分配法則「a(b + c) = ab + ac」を適用している考え方である。更にこの他にも 13×5+13×7, 13×4+13×8, 13×3+13×9(アレイ図を左右に分ける）や 12×9+12×4, 12×8+12×5, 12×7+12×6（アレイ図を上下に分ける）の考えを扱うことで,どこで分けても計算できるという見方が意識される（ただし,13 × 11 + 13 × 1 や 12 × 11 + 12 × 2 では,2位数同士のかけ算になってしまうため使わない）。
　さらに,2つに分けるだけではなく,3つの部分に分けるという考え方もある。a (b + c + d) = ab + ac + ac の考え方である。
　何れにせよ,部分に分けて計算した答えを合わせれば全体の数が求められるという見方で共通している。
　ただし,2位数×2位数の筆算形式は,

(a + b) (c + d) = ac + ad + bc + bd

の適用である。例えば「13 × 12」の場合であれば,次頁の図のように縦と横に4つの部分に分けて

○............「計算を教える」とはどういうことか？

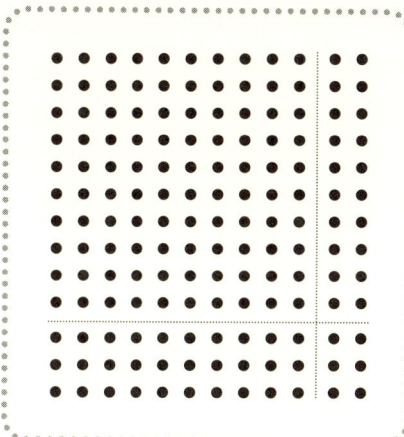

$(10 + 3) \times (10 + 2) = (2 + 10) \times (3 + 10) = 6 + 20 + 30 + 100 = 156$

と考えているわけである。ところが，縦と横に4つの部分に分ける方法はこれだけではない。
$(8 + 5) \times (4 + 8) = 32 + 64 + 20 + 40 = 156$ でもよい。つまり筆算形式の考え方は，たくさんある分け方の中でaとcを何十という10のかたまりとし，bとdをそれぞれの2位数の一の位の数にするという特殊な場合に限った分配法則なのである。その意味とよさを子ども自身に発見させることが，「筆算をつくる」ということだろう。

そこで，子どもが考える方法について整理してみる。

① 12を6ずつに分けるという考え方

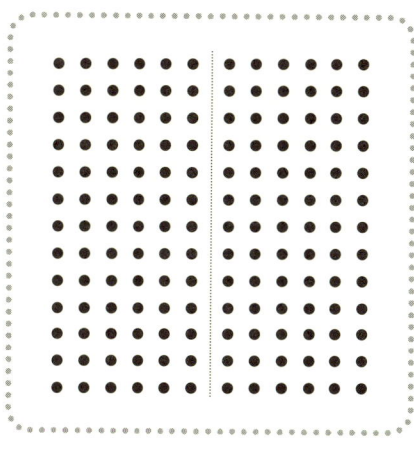

2位数×1位数の計算の仕方は理解できている子どもたちである。こうすれば13×6のかけ算だけで答えが求められると考える。

② 12を10と2に分けるという見方

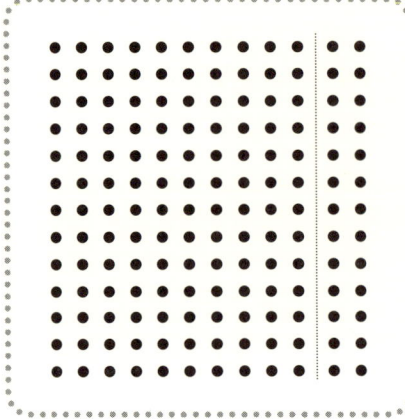

13×10と13×2に分けて計算する考え方である。「×10の計算は簡単だ」という子どもの見方が反映されている。

③ 13を10と3に分けるという見方

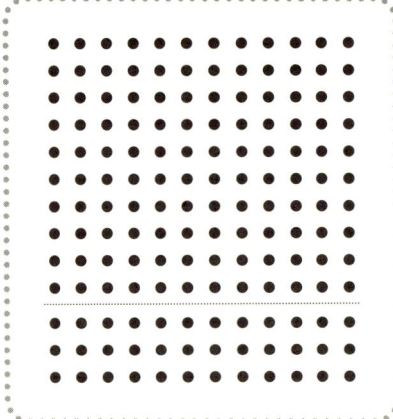

10×12と3×12に分けて計算する考え方である。これは，数を10といくつというふうに分けて捉えるという点では②の考え方と似ているが，アレイ図を縦に分けて見るのか横に分ける見るのかという視点が異なっている。

　これらを選んだ子どもには，それぞれこだわりがあるのだが，互いの見方に対する反論も現れてくる。例えば，①に対して，「12だからできることで，もし15だったらどうするの」というような反例である。
　この反例には，計算を一般化しようとする子どもの見方が現れているのだ

○............「計算を教える」とはどういうことか？

が，ここで一般化を急ぐと，結局，筆算形式を教え込む「伝達」になってしまう。

　そこで，それぞれの見方をもとに「13×12」の筆算を自分なりにつくらせてみるようにする。自分たちがアレイ図を区切って数えたものであるから，その過程を筆算という形で表現させることが可能となる。

①の考え方の筆算	$\begin{array}{r} 13 \\ \times 12 \\ \hline 78 \\ +78 \\ \hline 156 \end{array}$	$\begin{array}{r} 13 \\ \times 12 \\ \hline 78 \\ \times\ 2 \\ \hline 156 \end{array}$
②の考え方の筆算	$\begin{array}{r} 13 \\ \times 12 \\ \hline 26 \\ +130 \\ \hline 156 \end{array}$	$\begin{array}{r} 13 \\ \times 12 \\ \hline 130 \\ +\ 26 \\ \hline 156 \end{array}$
③の考え方の筆算	$\begin{array}{r} 13 \\ \times 12 \\ \hline 36 \\ +120 \\ \hline 156 \end{array}$	$\begin{array}{r} 13 \\ \times 12 \\ \hline 120 \\ +\ 36 \\ \hline 156 \end{array}$

　アレイ図を用いて計算について考えていた子どもたちは，それぞれの筆算が意味していることも理解できる。
　しかし，①の筆算に対しては「かける数の6が分かりにくい」という指摘も現れる。逆に，②や③の筆算では，計算する数がそのまま見えるから計算しやすいということが意識される。

第3章

　また，既習の２位数×１位数の筆算では下（かける数）から上（かけられる数）にかけ算を適用していたのに対し，③の計算方法は逆になっているということにも目が向くだろう。

　それぞれの特徴が見えてきたところで，今度は以下の問題を①〜③それぞれの筆算形式で計算させてみる。これも教師の「演出」である。

(1) １２×１４　　　　(2) １１×１７　　　　(3) ９×１３

　(1)は①の筆算で計算できるものの，(2)や(3)で①は使えない。①の筆算が，いつでも使える方法ではないということが明確になる。
　②や③の筆算であればどの計算も処理できるが，③の筆算では，やはり既習のかけ算の筆算と「逆だからやりにくい」という声が上がる。しかし，それに対する反論として **(3)の計算が取り上げられる。**

②のまま	交換法則	③でそのまま
９ ×１３ ─── 　２７ ＋９０ ─── １１７	１３↑ ×　９ ─── １１７	９↓ ×１３ ─── １１７

　(3)の場合は「②の筆算で計算すると面倒くさい」というのである。交換法則を使って１３×９にするといいという考え（アレイ図の見方が生きてい

る）も現れるが、③の筆算だとそのままできるという。
　自分たちで筆算をつくり出していくからこそ、その適用場面の良し悪しについても意識されるし、この後で筆算形式も洗練されていく。

　このように「筆算をつくる」活動では、つくられた筆算が妥当かどうか、使いやすいかどうかという判断が子どもの中で連続的に繰り返される。計算原理の理解も「計算を教える」ということであるとすれば、目を付けた「事実」をもとに子ども自身が判断する過程を通して「論理」を構築していく営みが計算原理の理解だということになる。だから、計算原理の理解は、「伝える」では成り立たない。「論理」を支える「対象の見方・捉え方」や「思考の仕方」、それ自体が伴って初めて計算原理は理解できるものだからである。

　それは、「名詞」や「方法・手続き・手順」が単線的に伝達できるのに対して、計算原理は「事実」と「論理」が行き来する複線的な二層構造を通して理解されていくということを意味する。それだけ計算原理の理解は容易なことではなく、「名詞」や「方法・手続き・手順」のように「伝える」という方法で単純には教えられないモノだということがわかるだろう。

　さらに言えば、数学的な考え方のもとでもある「論理」は、「知る」ものでも「覚える」ものでもない。なぜなら「論理」は個々の子どもの「外」に存在するものではなく、子ども一人ひとりの中に既に備わっているものだと考えられるからである。

　例えば前述の「2桁×2桁」の計算原理を計算の「仕方」として教えたとする。ところが、もうこの時点で、「教える」コトは「方法・手続き・手順」になってしまう。言わば「○○算」の解法を覚えさせるような指導である。この時、表面的な手続きをなぞることはできても、問題（対象）の中からな

第3章

ぜ当該の「事実」を切り取ったのか，あるいは切り取った「事実」をどのように組み合わせるのかという判断の過程を支える「論理」自体は伝わらない。

「論理」を意識し論理的に考えられるようになるためには，子ども自身が自分の中で問題（対象）に働きかけ，手順を試行錯誤しながら自分で妥当かどうかという判断を下す体験を豊かにすること以外に術はない。だから「論理」は「外」に存在するのではなく，子どもの中にある。

つまり，数学的な考え方は外から伝達したり，注入したりして育つものではなく，個々の子どもの内面に存在するものを引き出すことによって伸びるものである。

そのため，教師にできることは，ある子どもから引き出された考えの中に存在する「論理」を周りの子どもたちに再現させる活動を仕組むことである。なお，ここで言う「再現する」とは友達の考えの上辺だけをなぞることではなく，受け入れた考えを自分なりの表現として言い表したり，書き表したりすることを意味する。前述の「筆算をつくる」過程において，友達がつくった筆算で計算させてみるのはその一例である。

大事なことは「自分なりに」考えを再構築する営みであり，その過程において必ず子どもは自らの「論理」と友達の考えとを照合することになる。そして，自らの「論理」を通して妥当だと見なしたことを再現できたとき，「アッ，そうか！」と自ら腑に落ちる。これが「わかる」ということである。逆に再現できない状態が「わからない」ということになる。

このように個々の子どもに自らの「論理」と照合する体験を充実させていく中で，論理的な思考力や数学的な考え方が育つ。そして，その蓄積が子ども自身の思考様式として位置付くことを促すことになる。

また，このような試行錯誤を通して原理を習得できたとき，子どもは自

ずと達成感や成就感，あるいは感動を味わい，笑顔になる。やはり，「計算を教える」という行為の最終目的は，このような感動体験を子どもに味わわせることである。だからこそ子どもにドラマを生み出す計算授業を実現したい。

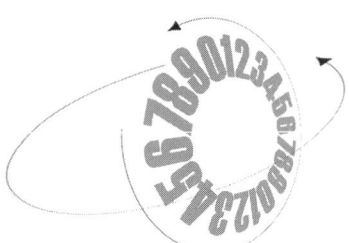

第4章 計算指導を「演出」するポイント

○……………計算指導を「演出」するポイント

1.「反復（スパイラル）」という観点から意識したい「演出」のポイント

　小学校算数における計算指導と言っても，1年生の「たし算」に始まり，6年生の「分数のわり算」まで実に多様である。ただし，それらには系統性があるということは周知の事実である。それが人類の歴史における計算に対する発見・発達の過程でもある。
　ちなみに，新学習指導要領では計算領域の内容が次頁のような配列となっている。

　新学習指導要領の特徴の一つとして「反復（スパイラル）」が挙げられるが，計算領域のカリキュラム配置を見ても各学年でのそれぞれの計算の学習内容が少しずつ重複するようになっている。それは，たとえば，下学年の指導において，次の学年で主として扱う位を増やした計算等を発展的に扱ってみるように示されたと見てもよい。結果的に，学習した計算原理を確認することに繋がるとともに，学習した計算の今後の可能性を意識させることに繋がっていく。だから，「反復（スパイラル）」を積極的に意識して指導していくことは計算指導にとって好ましいことだと言える。
　ただし，「反復（スパイラル）」を計算ドリルのような繰り返し練習という意味合いでの反復と勘違いして子どもに取り組ませてはいけないということは言うまでもない。いわゆる計算練習も当然必要ではあるが，計算練習においても子どもに感動が生まれるような指導をしたいのである。

第4章

学年	たし算	ひき算	かけ算	わり算
1年	（1位数＋1位数） （簡単な2位数の 　たし算）	（1位数－1位数） （簡単な2位数の 　ひき算）		
2年	（2位数＋2位数） （簡単な3位数の 　たし算）	（2位数－2位数） （簡単な3位数の 　ひき算）	（1位数×1位数） （簡単な2位数の 　かけ算）	
3年	（3,4位数＋3,4位数） （小数（1/10の位）・ 　同分母分数の 　たし算）	（3,4位数－3,4位数） （小数（1/10の位）・ 　同分母分数の 　ひき算）	（2,3位数× 　1,2位数）	（かけ算九九の逆） （簡単な場合で商 　が2位数になる 　もの）
4年	（小数（1/100の位） ・同分母分数（仮分 　数）のたし算） そろばん	（小数（1/100の位） ・同分母分数（仮分 　数）のひき算） そろばん	（小数×整数）	（2,3位数÷1,2 　位数） （小数÷整数）
5年	（異分母分数の 　たし算）	（異分母分数の 　ひき算）	（整数×小数） （小数×小数） （分数×整数）	（整数÷小数） （小数÷小数） （分数÷整数）
6年			（分数のかけ算） （分数・小数の 　混合計算）	（分数のわり算） （分数・小数の 　混合計算）

例えば，1年生の子どもに「計算練習をします」と言って，次のような問題を提示していく。

> ①　1＋8　⇒　②　3＋6　⇒　③　5＋4・・・

　②の問題辺りから，次のような子どもの呟きが聞こえてくるような学級にしたい。
「アレッ？　また9だ！」
「答えが同じになっているよ！」
　この呟きこそ計算に働きかけている子どもの姿である。
　ここで，「余計なことを言わなくてもいい」とか「静かにしましょう」等と教師が言ったらお終いである。せっかく計算に対して自ら動き始めようとしている子どもの芽を潰すことになってしまうからである。
　そもそも，このような問題を計算練習として提示したのは，子どもの呟きが現れるように教師が意識してのことである。つまり，この問題の提示こそが私の言う1つの「演出」なのである。さらに③の問題を提示して，「やっぱり答えが9で同じだ」と子どもに言わせたいと願っているのが「演出」する教師の立場であり，その思いなのである。

　実は，ここで教師が子どもに気付かせたいのはこれだけではない。例えば被加数に着目した子どもは「1⇒3⇒5」と変化していることに気付くだろうし，逆に加数に着目した子どもは「8⇒6⇒4」と変わっていることに気付くだろう。「演出」する教師は，当然のことながらそこまで想定して計算練習をさせているのである。そして，子どもから「先生，次の問題がわかった！」「多分7＋2でしょう」と言わせたいと願っているのである。まだ何も見せていないにも関わらず，その子どもには次の問題が見えている。問題と問題の関連を意識しようとしている子どもの姿であり，計算練習の場面を

第4章

通して，関連付けて捉えようとする見方も育てているわけである。

　さらに言えば，「じゃあ，答えが9になるたし算はこの他に後いくつあるのかな？」というように発展的に問い続ける子どもにしていきたい。こうなると，もう計算練習自体が教師から与えられる問題を解くものではなくなっている。「はっきりさせたい」と思う子どもの目的意識によって，子ども自らが数やたし算に働きかけている状態が生まれている。計算を通してこのような態度を育てることが，計算指導でもとても大事なのだ。

　そのためには，やはり教師が事前に用意する「演出」が欠かせない。そして，そのような「演出」ができる教師になるためには，何より教師自身の計算指導観の転換を図ることが大前提となってくるわけである。

2. 演算決定能力を意識した「演出」のポイント

　ところで，一般的に計算指導といったとき，先に述べた繰り返し計算練習の授業や計算原理の理解だけを重視した授業展開が多くなされているような印象を持つのは私だけだろうか。言うまでもなく計算原理を子どもたちに発見的に理解させていくとは大事なことである。しかし，計算指導においてもう一つ大事なことがある。それは，対象となる計算がどのようなときに使えるのかという判断を適切に下すことができることである。

　例えば，たし算の原理を理解した段階でたし算の練習をするとしよう。そこでの子どもは確かにたし算の技能の習熟を図ることはできる。しかし，たし算という演算を用いるべきかどうかの判断は全くしていない。なぜなら，「たし算の練習ですよ」と予め指示されて練習に取り組んでいるからである。計算ドリル然り，プリント然り，必ず表題に「たし算」と書かれたものを練習の題材として与えている指導がその典型である。子どもは何も考えずにたし算という演算を用い，そこには何のためにたし算をしているのかといった目的意識は皆無である。

　だから大事にしたいのは，例えばたし算とひき算を学習した段階で演算決定を判断させるような授業である。たし算の場面なのかひき算の場面なのか判断できてこそ，本当にその演算の意味が理解できたと言えるからだ。

　次の①の文章を見てほしい。

① みかんはりんごより５こおおいそうです。□は７こあります。

第4章

　これは，たし算とひき算の計算原理を学習した1年生を対象として，実際に私が扱った教材である。
　①では，「みかんの個数がりんごの個数より5個多い」という情報が与えられている。しかし，もう1つの文の情報が不十分であり，何が「7個ある」のか分からない。たとえば □ の中が「みかん」だとすると，「みかんの個数が7個」となり，問題として問われるのはりんごの個数となる。そして，「みかんの個数がりんごの個数より5個多い」という情報をもとに，りんごの個数は「7－5」というひき算を用いることによって求めることができる。

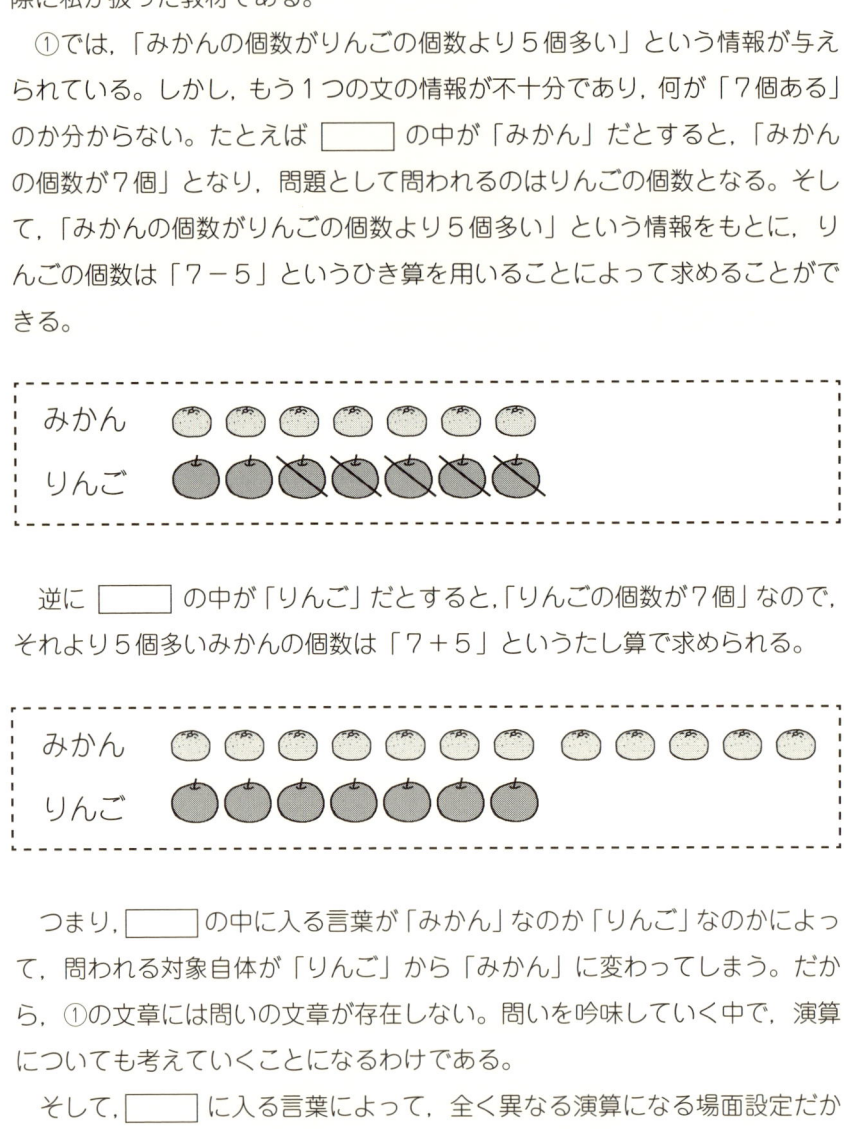

　逆に □ の中が「りんご」だとすると，「りんごの個数が7個」なので，それより5個多いみかんの個数は「7＋5」というたし算で求められる。

　つまり，□ の中に入る言葉が「みかん」なのか「りんご」なのかによって，問われる対象自体が「りんご」から「みかん」に変わってしまう。だから，①の文章には問いの文章が存在しない。問いを吟味していく中で，演算についても考えていくことになるわけである。
　そして，□ に入る言葉によって，全く異なる演算になる場面設定だからこそ子どもの演算決定能力が試される。このような □ を問題の中に

○……………計算指導を「演出」するポイント

設定するのは教師の役割であり，それが私の言う教師の「演出」の1つなのである。

なお，ここではそれぞれの演算決定の根拠となる図を示したが，実際の授業では子ども自身がおはじきやブロックを並べるという操作を通して実感的に演算決定をさせていくことが大事である。

余談だが，もしも □ の中を「みかんとりんごを合わせた数」とイメージする子どもがいたならばやや難しい問題となる。みかんとりんごの個数の和が7個で，差が5個という条件となり，いわゆる「和差算」である。

この場合，1年生なので，演算決定というよりは，実際に7個のおはじきを用意して，みかんの方がりんごより5個多くなるように操作を通した試行錯誤の体験を保障するようにしたい。このような体験が後の学年における学習場面で生きてくるからである。

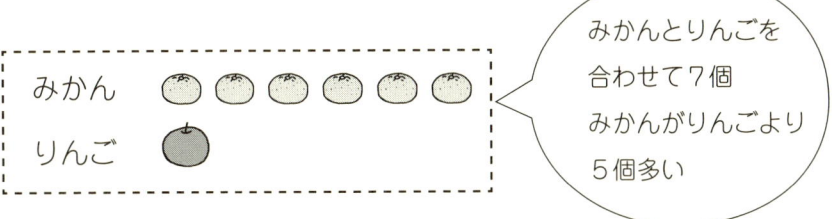

実は，このように演算決定をさせる教師の「演出」は①の例に限ったものではない。たとえば，次の②の例を見てほしい。これも実際に私が1年生で扱った教材である。

② りんごとみかんがあります。みかんは3こです。
　　りんごはなんこでしょう

▷ 33

この教材は①とは違い、「りんごは何個でしょう」という問いがはっきり示されている。しかし、②では「みかんの個数は３個」だとわかっているが、それ以外の情報が何もない。当然、これではりんごの個数が決定できない。だから、子どもたちに「何が分かればりんごの数が決定できるのか」という演算決定の条件を考えさせようとしたのである。

　例えば、「りんごがみかんより４個多い」という条件を考えた子どもは、「３＋４」というたし算をイメージしている子どもである。逆に「りんごはみかんより２個少ない」という条件をイメージした子どもは、「３－２」というひき算を想定している。あるいは、「りんごとみかんをあわせた数は７個です」というふうに合計の個数をイメージした子どもも、「７－３」というひき算の場面を考えていることになる。このように個々に想定した条件に対して、互いに検討する場面を設定することによって、演算決定の判断をする体験を量的にかつ質的に保障することが教師の「演出」となる。

　ところで、①、②の双方に共通しているのは、子どもにとって意外感や新たな発見があるということである。どちらも定型的な問題ではないために、子どもの思考や感情が揺さぶられる。子どもからドラマを生み出す計算授業を実現するためには、教師の「演出」が不可欠であると同時に、その「演出」方法は同じ指導目的であっても実に多様であるということを意識しておきたい。つまり、私の言う「演出」は、教師の教材解釈や教材研究のレベルによって変わってくるものであり、教師の力量が試されるのである。

第5章

「演出」によって引き出したい子どもの姿

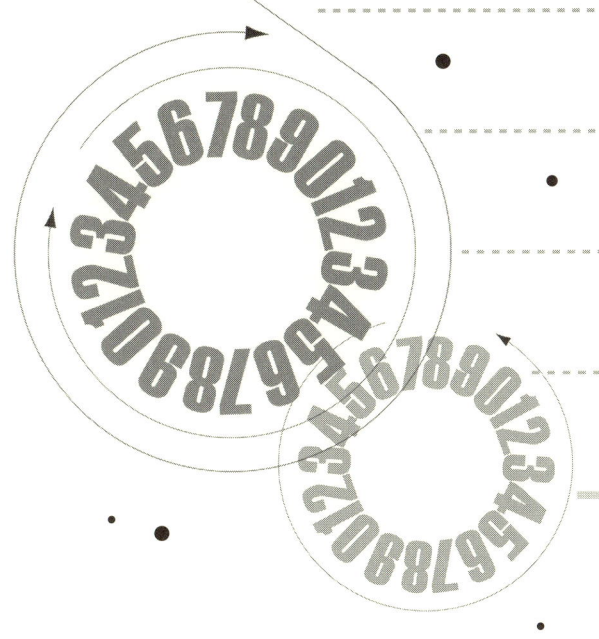

第5章

　計算指導では，教師が意図的に設定する「演出」が大事だと繰り返し述べている。では，教師はどのような子どもの姿を引き出したいと想定して「演出」を考えていけばよいのだろうか。つまり，計算指導を通して育てたい子ども像である。
　ここでは，10通りの子ども像に絞って示しておきたい。

1　さらに先を自ら追究しようとする子ども

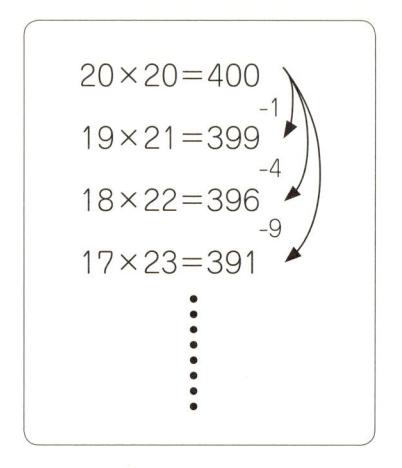

```
20×20＝400
          -1
19×21＝399
          -4
18×22＝396
          -9
17×23＝391
    ⋮
```

　例えば，左の「2桁×2桁のかけ算」の場合，「20×20」から「19×21」，「18×22」，「17×23」…というふうに被乗数を1ずつ減らし，乗数を1ずつ増やして計算していくと，積が最初の400から1，4，9…小さくなっていく。このとき，「だったら，この後続けていくとどうなるのかな？」と考え，「16×24」，「15×25」…と続きを調べてみようとする子どもである。
　このような態度は，根気強く調べようとする粘り強さや探究心に支えられている。そのため，教師は，子どもがさらに先を調べたくなるような「演出」をしなければならない。それは，子どもたちに帰納的に計算の規則性を発見させ，興味関心を持たせるようにすることを意味する。

2　いつでも使えるのか確かめようとする子ども

　前項の例の場合，さらに，「もし，『30×30』から始めたとしたらどうなるだろう？」と考える子どもを育てたい。自ら帰納的に見つけた計算の規則

性が「2桁×2桁のかけ算」であればいつでも成り立つのか確かめてみようとする子どもの姿である。

教師は,「演出」を通して規則性が一般化できるものであるのかどうか追究しようとする態度を子どもから引き出すようにしたい。そのためには,追究しようとする子どもの姿や,追究していく過程を具体的にイメージしておくことが必要となる。

3　数に対する直感の精度が高い子ども

> ②,③,④の3つの数を右のような筆算にあてはめて計算した時,答えが一番大きくなるのはどんなときでしょう？

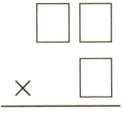

この問題に対して,直感的に子どもは次の3つを思い浮かべることが多い。

```
 ①         ②         ③
   43         42         32
 ×  2       ×  3       ×  4
```

十の位に大きな④か③を入れれば答えも大きくなると考えているわけである。そして,中には①と②,あるいは①〜③全てが同じ答えになると感じている子どももいる。

しかし,実は③の答えが一番大きい。このときに生まれる「エッ！どうして？」という疑問を大事にしつつ,子どもの数感覚とも言える直感の精度を高めていきたい。すなわち,数に対する直感の鋭い子どもを育てるということをイメージしながら,教師は計算指導を「演出」していく必要がある。

4　友達の考えを読み取ろうとする子ども

　計算に対する見方を豊かにしていくためには，自分の見方や考え方だけに固執するのではなく，友達の見方や考え方のよさを知り，そのよさを活かそうとする態度を育てることが必要となる。

　例えば，「3＋□＋9」の計算で，□の中に「自分が計算しやすいと思う数」を子どもに入れさせると，数値の違いとして計算に対する見方の違いが表面化する。そして，数値を手がかりに「（友達は）多分，こう考えたんだな…」と友達の考えを解釈できた子どもは，計算に対する見方を拡げていく。

　教師は，子どもたちから見方や考え方のズレを引き出し，その違いを互いに解釈しようとするような活動を「演出」していくことで，友達の考えを読み取ることを楽しむような子どもにしていきたい。

5　異なる考えを融合しようとする子ども

　例えば， 4 のたし算の場合に，□に入れた「7」と「1」という異なる数を見て，「3＋7＝10，1＋9＝10，どっちも10をつくろうとしている」，「だから，たし算では10をつくるように工夫すれば計算が簡単になる」というふうに考えられる子どもの姿に期待したい。つまり，「この考えとこの考えを合わせてみたら…」と異なる考えを組み合わせ，新たな価値を見出していくような思考の柔軟さを持ち合わせた子どもである。

6　疑問点をごまかさない子ども

　既に述べたように，筆算の計算の仕方は知っているが，なぜ答えがその方法で求められるのかという計算原理がわかっていないような子どもでは困る。計算原理が自分で納得でき，自ら再現できるような子どもにしたい。

そのためには，友達の考えや先生の説明に対して，「なんで？」，「何？」，「どこが？」…といった自らの疑問を誤魔化さず，わからないことをはっきりさせようとする姿勢を持ち合わせた子どもにしなければならない。つまり，「知っている」で満足しない子どもであり，「わかったつもり」ではなく，「わかった」とはっきり言える子どもである。

　そのためには友達の話や説明を「聞く」，「見る」ということが前提となるとともに，自分自身で再現できるようになるまで検討させることが必要となる。

7　自分の考えをもとに計算しようとする子ども

　計算指導では，先生に「計算しましょう」と指示されるから計算するのではなく，自分の考えをもとに計算してみようとする子どもを育てていきたい。つまり，「数を変えてみたらどうなるだろう？」（「この数で計算してみよう！」）とか，「他の計算でも同じようなきまりがあるのかな？」（「他の計算で試してみよう！」）と考えてみようとする思考様式や態度を，計算指導を通して育てていくことが重要だと考えている。

　例えば，答えが3になるわり算の式が無限に存在することを発見した子どもが，先生に言われたわけではないのに，答えが3になるたし算やひき算，かけ算の式についても調べてみようとする姿である。

8 　楽をする方法を考えようとする子ども

　「1＋2＋3＋4＋5＋6＋7＋8＋9＋10」を前から順に計算するのではなく，ガウス少年のように工夫して楽に計算する方法を考えようとする子どもの姿を大事にしたい。つまり，形式的な手順にこだわるのではなく，常に「めんどうなことはいやだな」，「もっと簡単にできないかな？」と考えようとする子どもの姿である。効率化を図ろうとする子どもを育てることと言い換えてもよい。
　そのためには，子どもにとって適度な抵抗感がある問題場面を設定したり，視点を変えて考える面白さを体感させたりするような教師の「演出」が欠かせない。

9 　試行錯誤しながら多様な視点で計算してみようとする子ども

　第3章において「筆算をつくる」場面として紹介した「2桁×2桁のかけ算」では，アレイ図の個数を数えるために，子どもたちは実際に試行錯誤しながらいろいろな視点から事象をとらえようとする態度を示した。例えば，「ここで分けて計算してみたら…」，「半分ずつに分けてみたら…」，「3つに分けて計算してみたら…」…といった視点の転換を体験していったわけである。
　筆算形式に直結しやすいお金の計算ではなくアレイ図を用いて，多様な視点からかけ算に取り組もうとする活動を「演出」することが，「わかったつもり」で終わらない子どもを育てることにつながっていく。

10 　「計算は不思議なもの，面白いもの」という計算観を持った子ども

　いくら正しく計算できても，いくら速く計算できても，計算自体を「つまらないもの」だと思っている子どもを育てては意味がない。計算の中に潜む

○............「演出」によって引き出したい子どもの姿

　不思議さや美しさを味わう体験を通して，計算は面白いものだという子どもの計算観を育みたい。

　それは，例えば「6 × 7 = 42」,「66 × 67 = 4422」,「666 × 667 = 444222」…という計算から垣間見える規則性の美しさや不思議さである。
　そして，このような計算観を身に付ける過程において，子どもは必ず感動を味わっている。この感動体験が算数の愉しさを支えているものであり,「どうしてこんな答えになるのだろう？」という新たな子どもの探究心を醸成するもとになる。
　さらに，このような計算観を身に付けた子どもは，抽象的な数の世界においても計算に対して積極的に関わっていこうとする。

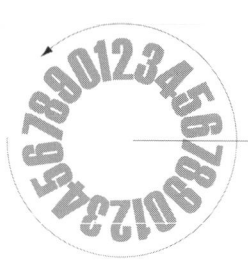

第6章 「演出」で育てられる子どもの計算観の適時性

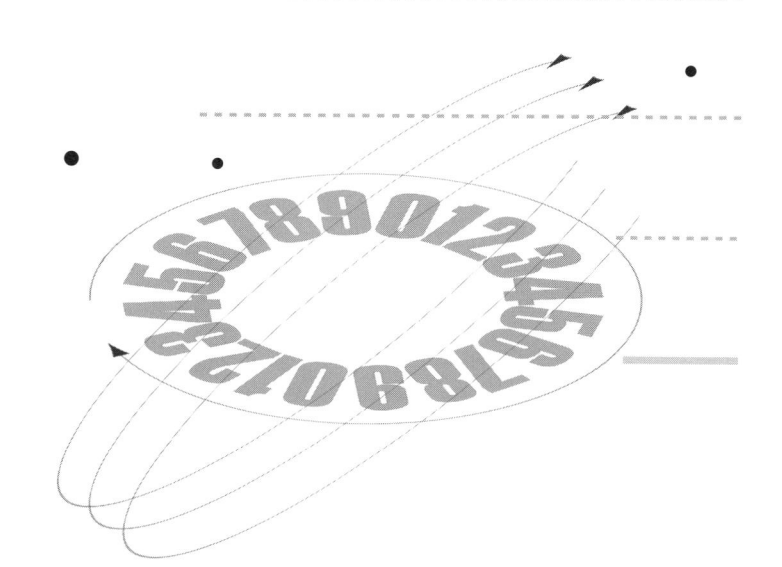

○............「演出」で育てられる子どもの計算観の適時性

　本書では，この後で計算指導における具体的な教師の「演出」事例を紹介しようと考えているが，最初に残念なことを伝えておかなければならない。それは，「演出」の効果には適時性があるということである。

　例えば，これまで筆算形式の習得ばかりを重視した計算指導を受けてきた６年生の子どもに，突然「分数のかけ算」の学習から計算指導の「演出」を施したとしても，既に子どもの中に形成されている計算観を覆すことがなかなか難しいという現実が存在する。それには次のような理由がある。
　まず，子どもが計算に対して完全に受身に成りきっているという理由が挙げられる。計算といえば先生から与えられたドリルやプリントの問題をこなすことだという考え方が体に刷り込まれているのである。だから，自ら計算に働きかけるという姿勢へとなかなか転換できない。その最たるものは，計算というだけで拒絶反応を示す子どもである。
　また，小数や分数の計算原理を理解し，子ども自身がそれらの計算に対して追究していくような姿を実現するには，それなりの計算に関する「基礎体力」が必要となる。少し言い過ぎかもしれないが，「計算といえば形式的に処理するもの」という考えを持っている子どもは，小数や分数の計算に深く関わっていくことが難しいと言わざるを得ない。なぜなら，小数や分数の計算は，整数の範囲内の計算で身に付けた「基礎体力」が十分に発揮されて初めて可能となるものだからである。ここでいう「基礎体力」とは，数に対する感覚や計算のきまり，あるいは演算の意味理解や計算原理の理解であり，小数や分数の計算はこれらを総動員することによって習得できるものである。

　だから，例えば私が６学年で「分数のわり算」の「飛び込み授業」の依頼を受けたとしても，計算に対する子どもの実態が全くわからないような学級での授業は安易に引き受けない。それは決して逃げているということではない。

○……………「演出」で育てられる子どもの計算観の適時性

　これまでどのような計算指導の積み上げがあるのかわからない子ども達を相手に無責任なことはできないということである。それだけ計算指導は積み上げが重要になってくるものであり，特に1年生からこつこつと築き上げられた子どもの計算観や計算に対する「基礎体力」の質が問われることになる。
　仮に，形式的な処理形式だけを習得してきたような6年生がいたとして，突然，彼らに私の主張する計算指導のどんな「演出」をしたとしても，殆どの子どもが反応できないということだって起こりうる。

　だから，計算指導では，子どもが具体的にイメージできる整数の範囲内での計算観をどれだけ豊かなものにさせるのかということがとても大事になる。つまり，1年生から4年生の計算指導で「基礎体力」を育てる「演出」をどれだけ充実させているのかが，それ以降の抽象的な数の計算の学習を左右するということである。

　だからこそ，本書では，特に1年生〜4年生の整数の範囲内の計算指導の「演出」を重視している。小学校算数教育の範囲に止まらず，中学校数学の基礎・基本を築くのは小学校4年生までが勝負だというスタンスである。それぞれの具体的な「演出」事例を通して，どのような計算観を子どもに育てればよいのかということを示したい。

▷ 44

第7章

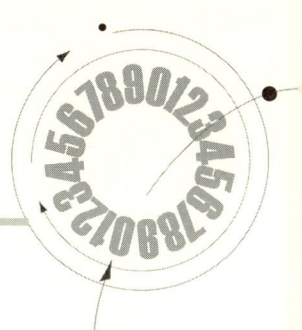

ドラマを生み出す教師の「演出」

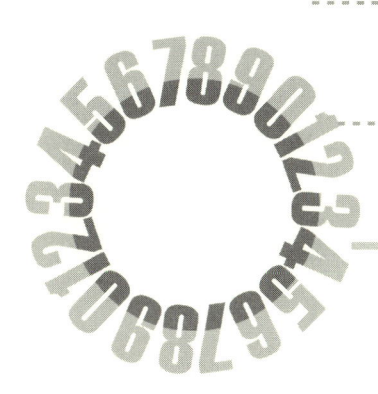

第7章

　結局，計算指導において教師が心がけたい「演出」は，その適用場面に着目すると，演算決定場面，計算原理の習得場面，計算技能の習得場面の3つの場面における「演出」に分けられる。ただし，計算原理の習得場面は演算決定をすることなしにできないものであり，演算決定と計算原理の習得は密接に関連しているので，実質的には教師の「演出」は大きく2つの場面と見てよいのかもしれない。

　本章では，そのような場面における教師の具体的な「演出」の姿を学年毎に示してみたい。

第1学年

1. 計算技能の習熟を図る場面においてゲームを活用する「演出」　　「たし算」

　計算技能の定着を図る方法は計算ドリルに限られているわけではない。授業の中で楽しみながら計算技能を高めていく方法にゲームの活用がある。

　最も単純な例は，1年生で2人組を作り，たし算カードをフラッシュカードとして互いに見せ合いながら答えを言い合うような活動である。こんな単純なことでも友達と取り組むから「おもしろい」という子どもの意識を引き出すことができる。

　これをさらに4〜6人グループで行うと，競争意識も作用し始める。「友達より早く答えられるようになりたい」という意識から，休み時間や家でたし算カードを使って自ら練習する子どもの姿も見られるようになる。

　ただし，このグループは固定してはいけない。なぜなら，計算の速さを競っていく中で速さの序列が決まってくるからである。だから，時間を区切り，グループ内で勝ち抜き戦を行うような形式として，勝者は上のレベルのグループ，敗者は下のレベルのグループへと移動するようにする。なお，ここでいう上や下のレベルのグループというのは教室の机の配置上のことであり，能力別に分けているという意味ではない。しかし，このような移動を繰り返していくと，結局はそれぞれのグループの子どもの計算レベルは徐々に揃ってくる。よって，勝ち負けはその時の運のような様相が現れてくるので，子どもの意欲が削がれず楽しみながら繰り返し取り組むことができる。

また，このとき，子どもたちのたし算カードを机の上にバラバラに並べて「カルタ」遊びをするのも一つの方法である。この場合，上述の「ただ答えを言い合う」のとは活動内容がちょっと異なる。

例えば，たし算カードを提示する子どもが「3＋2」のカードを出したとしよう。すると，取ることができるカルタは「0＋5」，「1＋4」，「2＋3」，「3＋2」，「4＋1」，「5＋0」（0のたし算を含む場合）6種類であり，なおかつそれぞれのカードが複数枚存在するので，何度も同じ式を見て計算することになる。そして，見つけたたし算カードは一人ひとりが実際に手にすることができるので，子どもにも満足感がある。

この他にも「カルタ」遊びだからこそのよさがある。それは，子どもが同じ和になる式の存在を意識することである。和が一定の関係になっている式を探すという活動は，「数量関係」の学習にもつながる。子どもたちは，技能の習得を図るとともに，興味関心を示しながら発展的に考えていく。

なお，同様に和が同じ式を探すという意識を引き出すゲームに「神経衰弱」がある。たし算の式だけを書いたカードを用意して，バラバラに裏向けに並べる。その中の2枚をめくり，同じ答えであれば取ることができる。

このとき，例えば右図のように和が3と4になるたし算カードだけでやったとしよう。

ただし，子どもたちにはカードを伏せて提示するので，どんなたし算カー

3＋0＝3	4＋0＝4
2＋1＝3	3＋1＝4
1＋2＝3	2＋2＝4
0＋3＝3	1＋3＝4
	0＋4＝4

ドがあるのかは告げない。

　早速，代表の2人にゲームをさせてみる。すると，ゲームの進行を観ていた他の子どもたちから「この神経衰弱はおかしい！」という声が現れる。なぜなら，神経衰弱では2枚揃って取ることができるはずなのに，残りのカードの枚数が奇数枚になるからである。これは意図的に仕組んでいる教師の「演出」であるが，ゲーム開始時に気づくことを期待しているわけではない。

　子どもたちは最終的に残った1枚のたし算カードが何の式であるのかということが気になってくる。中にはカードの式を予想できる子どももいる。カードを裏返して「答えが4の式」だということを知った子どもたちは，「だったら答えが4でペアになるもう1枚のたし算カードを用意すればいい」というふうに考えた。子どもの素直な考え方を生かすことで，「答えが4の式」でまだ出ていないたし算カード探しが始まることになる。しかし，調べてみても和が4になるたし算カードは5枚だけである。この意外性が新たな子どもの思考を引き出すきっかけとなる。つまり，和が「3の場合」と「4の場合」のたし算カードの枚数の違いをゲームによって顕著に見せることで，他の和の数値の場合のたし算カードの枚数も調べてみたいという意識が生まれるのである。

　事実，子どもは次のように言った。

　「先生は大きな間違いをしているんだよ。3や5や7は『真ん中がある数』だから神経衰弱できるけど，4や2や6みたいに『真ん中がない数』は神経衰弱できない。だから4になるカードで神経衰弱をしたらいけないよ」

　子どもの活動は「神経衰弱」という極めてシンプルなものである。しかし，そのシンプルな活動を進めていく中で，計算の習熟や発展的な見方（和が一定の式の数）の育成が期待できる。そして，このような規則性が見えた子どもたちは，異口同音に「おもしろい！」と言う。このような「おもしろい！」という声を引き出しながら技能の定着を図っていくドラマを成立させていくことが，教師に必要な「演出」の視点となる。

2.「学習課題」と「子どもの問い」の関連という視点からの「演出」　「繰り上がりのあるたし算」

　新たな計算原理を習得するという営みは，子どもにとって，新たな課題（ここでいう課題は教師が提示する学習課題ではなく，子どもにとっての問題意識）が生まれない限りは成り立たない。だから，たとえ教師が「〇〇の計算の仕方を考えよう」という学習課題を提示しても，子ども自身に問題意識が生まれていなければ成立しないのである。つまり，算数の授業における「学習課題」とは何かということを今一度検討してみたい。例えば，1年生で「繰り上がりのあるたし算」を扱う場面を考えてみよう。

> 　男の子が9人，女の子が4人あそんでいます。子どもはあわせて何人いるでしょう。

　多くの授業では，まず，このような問題を与えて「9＋4」のたし算の場面であることを確認する。そして，その後で「9＋4の計算の仕方を考えよう」という学習課題が提示される。
　結論から言うと，このような形式的な学習課題は意味がない。
　まず，問い直したいのは学習課題の文言である。この言葉を発する主体は誰か。実は教師であり，教師が子どもに「してほしいこと」を表現しているに過ぎない。言い換えれば，それは決して子どもの思いと一致しているとは限らない。だから，そんな課題を教師に言われるままに解決したとしても，子どもに感動は生まれない。
　さらに，「計算の仕方を考えよう」という言葉は実に曖昧である。子どもにとっては，具体的に何をすればいいのかイメージできない。形式的な問題

○………ドラマを生み出す教師の「演出」・Ⅰ学年

解決の授業で見られる学習課題の多くは，このように教師側からの抽象的で曖昧な表現で示される。実際に行われている授業の学習課題の中にこの文言がいかに多いことか…。

「明確な学習課題がない授業は駄目だ」という授業評価の言葉を耳にすることがあるが，この場合の学習課題という言葉は「めあて（目標）」と表裏一体の意味で用いられている。確かに教師は授業のめあてをしっかり持って授業に臨まなければならない。しかし，めあてを子どもに直接ぶつけることが明確な学習課題を持たせることだと考えるのは早計である。

子どもは抽象的で曖昧なものを与えられても動けない。もっと言えば，子ども自身が明確にしたいという思いを抱かない限り本気で考えようとはしないし，考えることを楽しめない。大事なことは，子ども自身に自分の問題意識を明確に自覚させるということである。

そのため，前述のたし算であれば，次のように扱う「演出」が考えられる。

> 男の子が□人，女の子が4人あそんでいます。子どもはあわせて何人いるでしょう。

【子どもの問い①】
　これじゃあ男の子が何人いるかわからないよ。3人だったらあわせて7人だけど…。
T：「□の中が9だったら？」

【子どもの問い②】
　男の子が9人だったら合わせると10人より多くなる。10人より何人多くなるのかな？
　この段階で教師は次のように問う。
T：「（9+4の答えは）10よりいくつ大きくなるのかな？」

第7章

　この表現の主体は子どもであり，明らかにすべき目標もはっきりしている。だから子どもは教材に働きかけやすいし，解決することも可能となる。これが子どもにとっての学習課題なのである。

　さらに，このときブロックを使って10よりいくつ大きくなるのかを示させるようにすると，加数分解の考え方が子どもにとって自然な形で表現される。

　だから，学習課題とは，決して教師の都合によって事前に準備したものを提示すればいいというものではない。子どもの思いが学習課題であるべきなのだ。

　つまり，「授業のねらいを子どもの立場からとらえるとどのような子どもの言葉になるのか」と検討する教師の姿勢が重要なのである。このようなことを日常的に意識していくことが，教師のよい「演出」を生み出す。子どもの思いが汲み取れる教師であれば，子どもが楽しみながら真剣に問題解決に取り組む算数授業を「演出」できる。

3. 子ども全員のイメージを引き出し，生かす「演出」　「繰り下がりのあるひき算」

　1年生の学習内容の中で特に大事に扱いたい単元の一つに，「繰り下がりのあるひき算」があげられる。十進位取り記数法の仕組みをもとに10とばらに分けて計算するという原理を子どもが意識できる単元だからである。そして，授業では，いわゆる減々法や減加法という考え方を子どもから引き出し，価値付けていくことになる。

　ところが，そのまま問題場面を与えて立式し，「計算の仕方を考えましょう」と問うような授業では子どもの計算力は育たない。前述の「たし算」同様，あまりにも漠然とした学習課題であり，考え方も子ども任せになり過ぎているからである。これでは一部の子どもは考えられるが，問われていることがイメージできない子どもは全く動けない。最近，とても気になっているのは，このように一部のできる子どもに頼った授業が多すぎるということである。これは，言い換えれば教師の怠慢である。計算原理の理解を促したいのは全員の子どもなのだから，教師はどの子どもも考えられるように仕向ける必要がある。それが「演出」する教師の基本姿勢である。

　例えば，次のような問題場面から始めてみる。

> チョコレートが1はこと2こあります。
> 7こたべました。
> のこりはなんこでしょう。

　すると，子どもたちは，まず箱の中に入っているチョコレートの数を疑問視する。

中には，7こ食べられないかもしれないと考える子どももいる。つまり，「例えば箱の中にチョコレートが3こしか入っていなければチョコレートは全部で5こしかないから，7こ食べるのは無理」と考える子どもである。逆に，「例えば箱の中に10個入っていれば大丈夫」という子どももいる。このように箱の中に入っているチョコレートの数を吟味する中で，「箱の中に5個以上入っていれば食べられる」ということが明らかになる。

不十分な問題場面を整えていく活動は，結果としてどの子どもにも問題場面の状況をイメージさせることになる。これは，言い換えれば文章問題を読み取る力を育てている活動なのである。

そこで，箱の中に入っているチョコレートの数が10個であることを告げて，「どんな式になるのかな」と問うてみた。ノートに自分なりに考えた式を書かせた後で発表させると，次のような式が現れた。

---
① 10＋2＝12，12－7＝5
② 10－7＝3

まず，問題となったのは②の式である。他の子どもたちから「残りは3こじゃない」という声が上がったのである。なぜなら，「まだ箱の外にチョコレートが2個あるから」であり，「だから，3＋2をして残りは5個になる」という。

これらの意見を整理して，②の式は次のように修正された。

---
② 10－7＝3，3＋2＝5

結果として，残りの数は①と同じ5個になった。しかし，①の場合はどのように計算して答えの5を導き出したのかはっきりしない。

そこで，逆に②の式を取り上げ，次のように発問をした。

○………ドラマを生み出す教師の「演出」・1学年

「②の式だったら，どのチョコレートから食べたのかよくわかるね！」

　子どもたちにもこの言葉の意味が伝わったようで，「うん，わかる！わかる！」と大きな声が返ってきた。

　そこで，チョコレートの絵を描かせて，食べたチョコレートがどれなのか印を付けさせることにした。

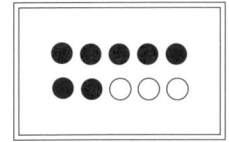

　子どもによって位置に多少のずれがあるものの，どの子どもの絵でも箱の中のチョコレートが食べられた絵になっている。②の式の場合は箱の中のチョコレートを食べたときの式だということがはっきりした。

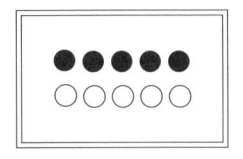

　そこで，①の式の場合にどのチョコレートを食べたのかを問い，絵に描かせてみる。②の場合が箱の中から食べるということが意識されたからか，箱の中のチョコレートを7個食べた絵ではない。①の絵で共通するのは，箱の外にある2個のチョコレートを必ず食べているのである。

　子どもの言葉を借りると，「始めに外の2個を食べて，次に箱の中の5個を食べた」と言う。

　改めて，①の式を振り返り，どこからチョコレートを食べたのかわかりやすいかどうか考えさせた。やはり「これではわかりにくい」と言う。だから「食べたチョコレートがわかる式が書けないのか？」ということが

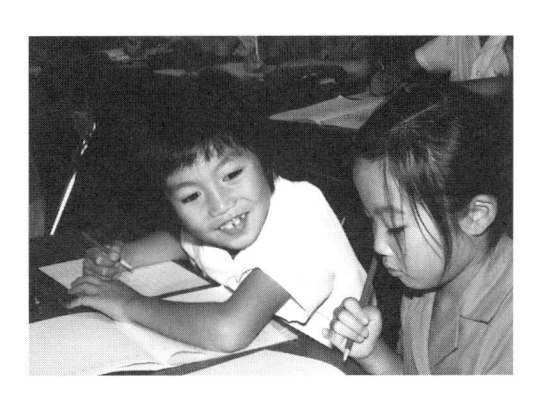

▷ 55

話題となった。このように子どもの問題意識が伴うことが大事なのである。
　改めて子どもが示した①の絵をもとにチョコレートの食べ方について話をさせた。ただし，話の文節ごとに区切り，どんな式になるのかを押さえるようにするのがここでの「演出」である。
　「チョコレートは全部で12個でしょ」（10＋2＝12），「始めに，箱の外の2個を食べたから残りは箱の10個になるでしょ」（12－2＝10），「次に箱の中から5個食べたんだから残りは5個」（10－5＝5）
　このようにすれば，全員の子どもに問題場面を式で表すよさを味わわせられるとともに，「減加法」や「減々法」の手続きの意味の違いが具体的なイメージを伴って共通理解されていく。

○………ドラマを生み出す教師の「演出」・2学年

第2学年

1. 互いのイメージを認め合う場の「演出」
「たし算の工夫」

2年生と,「たし算」の授業を行ったときのことである。
「□の中が〜だったらいいなあ」と板書して, 次の式を書いた。

　　３８＋□＋２７＝

「アッ！意味がわかった！」
「□の中に数を入れるんでしょう」
少しのことでも直ぐに素直な反応を見せる2年生。
「すごいね！これだけで意味がわかったの？」ととぼけてみせながら, 次のように続けて言った。
「□の中が〜だったらいいなあと思う数を1つノートに書きなさい」
　子どもがこのたし算の式をどのように捉え, そしてどのように働きかけるかによって, □の中に入れる数が異なってくる。そのズレを子どもたちに意識させたいと願っていた。実際に現れた式は, 次頁の①〜⑦のようなものであった（ここでは意図的に分類してある）。
　子どもたちがイメージした「□の中が〜だったらいいなあ」の意味には,「計算しやすい」とか「答えがきれい（一の位が0）」,「2つの数のたし算と同じ」という3通りの観点が存在していたわけである。

▷ 57

> ●計算しやすい□
>   ① 38+[2]+27=(38+2)+27
>   ② 38+[12]+27=(38+12)+27
>   ③ 38+[3]+27=38+(3+27)
>   ④ 38+[13]+27=38+(13+27)
> ●答えがきれいになる□
>   ⑤ 38+[5]+27=70
>   ⑥ 38+[35]+27=100
> ●数を考えなくてよい□
>   ⑦ 38+[0]+27=38+27

　そして,「なぜ,□の中にそれぞれの数を入れたのか？」を他の子どもたちに考えさせる活動を通して,①～④のような加法の結合法則のよさを意識させていった。

　しかし,最も面白かったのは,⑤の式で5を入れた理由をイメージした子どもの表現であった。「38＋5＋27＝(35＋27)＋5＝65＋5＝70」と考える子どもが多い中,数人の子どもは次のように解釈した。

> 　38+[5]+27 ＝ (38+2) + (3+27)
> 　　　　　　＝ 40+30=70

　「38にも27にも数をあげないと可哀想。どっちもきれいにしてあげたいもの」

　子どもの優しさが式という算数の表現で見えてきたと同時に,計算を工夫する面白さを子どもが感じ取った。

2. 演算の意味と日常言語の関係を意識させる「演出」　　「かけ算」

　2年生でかけ算が導入される最初の段階での目標は，「1つ分」のまとまりが「いくつ分」あるという事象を「1つ分×いくつ分」というかけ算の式で表現するということの意味理解を図ることである。

　ところが，現在のような情報化社会においては，算数の授業で学習する以前より「かけ算」という言葉を知っていたり，かけ算九九を覚えていたりするような子どもも少なくない。だからと言って，この子どもたちは学校の算数授業で学ぶことがないかといえば決してそうではない。多くの子どもは，ただ「かけ算」という言葉や，かけ算九九の唱えを「知っている」だけなのだ。中には，典型的なかけ算場面であれば，式に表したり答えを求められたりする子どももいるかもしれないが，自分の身の回りに存在する「もの」の中にかけ算があると認識できている子どもはほとんどいないというのがその実態である。だから，どの子どもにも具体的な事象の中にかけ算が「見える」ようにすることが，かけ算の原理を理解することを意味する。

　また，このかけ算の導入段階では，答えを求めることに重点を置く必要は全くない。繰り返すが，具体的な事象にかけ算の式表示が適用できるようになることが大事なのであり，そのためには，自ら「1つ分」と「いくつ分」を見出し，決定できるようになることが目標だといえる。

　ところが，面白いことに，2年生の多くの子どもたちは既に無意識ではあるがかけ算的な見方を持ち合わせている。これは決してかけ算を知っているという意味ではなく，たとえば「(1つの列に) 5人ずつ4列に並ぶ」とか，「あめを3こずつ4人に配る」というような場面を体験しているということ

第7章

である。だから，かけ算を導入する段階において，このように無意識化しているかけ算的な見方を顕在化させ，子どもに意識づけていくことがかけ算の計算原理を理解させる上では欠かせない。そして，その活動こそがドラマとなる。

実際の授業では，12個のチョコレートの並べ方を導入素材とした。格子状に区切られた箱に12個のチョコレートを並べる並べ方を子どもに考えさせ，その並べ方をお互いに**言葉だけで伝え合う場面**を「演出」した。

期待していたのは，下図の①〜③のような並べ方をした場合の子どもの表現である。

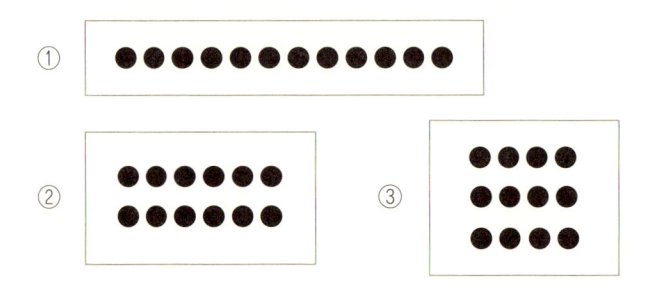

①であれば「一列に12個並べる」となるであろうし，②の場合は，「6個ずつ2列に並べる」とか「6個と6個」，あるいは「6＋6」というような表現となる。かけ算的な見方と同数の和という形で表現されるたし算の式との関係を明らかにすることをねらっているわけだ。

実際に授業を行ってみると，子どもたちは実に様々な並べ方を考えていた。ところが，「絵に表したチョコレートの並べ方を言葉だけで友達に伝えましょう」という指示を与えた瞬間，全く正反対の反応が現れた。

「エーッ，難しい！」

「そんなことないよ！簡単だよ！」

実は，このような言葉が生まれるようにすることが「演出」なのである。

子どもが言葉で表現するのが簡単だという並べ方と難しいという並べ方を対比する中で，かけ算的な見方の便利さがクローズアップされるからだ。だ

から板書でも,「簡単」と「難しい」を左右に分けて示し,それらを対比するようにした。

「簡単だ」と言って,最初にA男から現れた言葉は,「3,5,3,1」であった。つまり,12を分解し,個々のかたまりを加法的に表現したのである。しかし,これに対して「これじゃわからない」という反論が現れた。A男は,左下のように並べていたのだが,同じ「3,5,3,1」でもB男は右下のように現した。

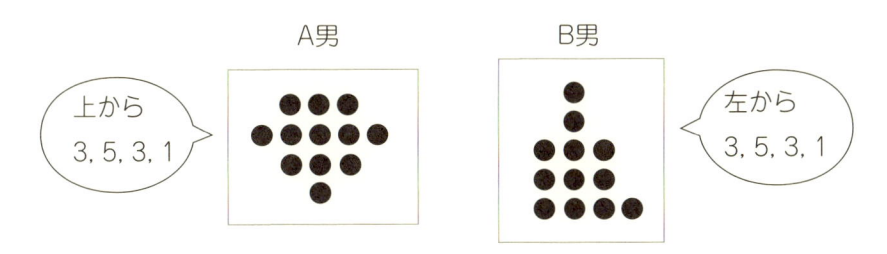

A男　　　　　　B男

上から
3,5,3,1

左から
3,5,3,1

つまり,向きと配置の仕方によって「3,5,3,1」でも多様になってしまい,これだけで伝えるのは難しいというわけである。

そこで,もっと簡単に伝えられる並べ方を確認することにした。

新たに現れたのは,「6と6」という表現である。これは他の子どもたちにもすぐに伝わったが,それ故,同じ並べ方をしている子どもから「同じ並べ方だけど言い方が違う」という声も現れた。それらを言わせてみると,「6個ずつ2列」,「6＋6」,「6個が2個」…と,確かにいろいろな言い方がある。

このとき,私は,「6個が2個」という表現に飛びついた。そして,「『6個が2個』じゃあ8個になるんじゃない

第7章

の？」と揺さぶった瞬間，子どもたちは俄然燃え上がった。これが大事な教師の「演出」である。

「そうじゃない！　6個が2個なの！」
「6個と6個のこと」
「6個のかたまりが2個あるの！」

まさに，これらが，本時の授業でねらっていた子どもから引き出したい見方である。

子どもたちの見方とそれに応じた表現方法を認め，改めて「この『6個が2個』という言い方と同じことを言っていたのはどれ？」と他の表現を振り返らせた。つまり，ここでは「6個ずつ2列」という表現を取り上げたかったのである。「6個が2個」と「6個ずつ2列」という表現を比較させる中で，「ずつ」という表現や「列」という別の単位を用いることの意味とそのよさについて考えさせることができた。

結果的に，子どもたちは6と2という数がそれぞれただのチョコレートの「個」数ではなく，意味の異なる数を表しているということを意識することになった。

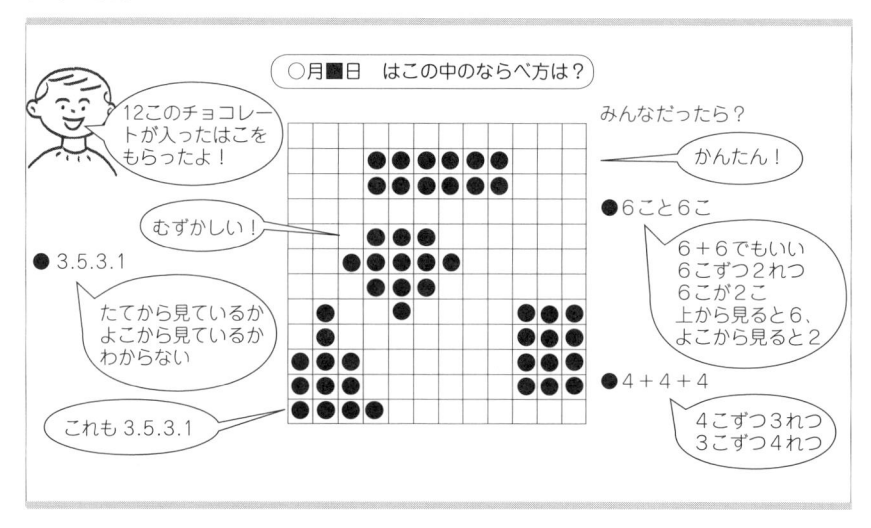

○月■日　はこの中のならべ方は？

12このチョコレートが入ったはこをもらったよ！

むずかしい！

● 3.5.3.1

たてから見ているかよこから見ているかわからない

これも 3.5.3.1

みんなだったら？

かんたん！

● 6こと6こ

6+6でもいい
6こずつ2れつ
6こが2こ
上から見ると6，よこから見ると2

● 4+4+4

4こずつ3れつ
3こずつ4れつ

▷ 62

3.「当たり前」を疑うことによって
　　生まれる「演出」　　「かけ算九九」

　私の教材研究のモットーは，一般的に教師も子どもも「これは当たり前だ」と思っていることを疑うということである。それを疑うということは，結果的にその教材の本質に迫ることになる。
　例えばそれは，かけ算九九でも同様である。

九九は、どうして「9」まで？

　2年生の「かけ算」の指導では，「かけ算」の意味理解を図った後で，乗法九九を扱う。すると，「かけ算」の学習は，九九を覚えることだと考えてしまっている子どもが現れる。
　それは，教師自身も「2年生のかけ算＝九九の定着」という意識が強く，その定着に力を注ぐという実態が存在するからであろう。
　確かに，2年生のかけ算の指導において，九九を確実に覚えさせることが重要であるということは言うまでもない。しかし，なぜ覚えなければいけないのだろう。また，どうして「9」までの範囲だけを覚えるのであろう。そこを教師が教材研究しなければ，決して子どもに指導することはできないはずである。

　事実，子どもは，このような九九を覚える必要感も意義も意識しているわけではない。九九を覚えることは「当たり前」のことだとしか思っていないのであって，それを疑いもしない。
　仮に，子どもが必要感を感じたとしても，精々次のようなことであろう。

第7章

それは、例えば「8×2」であれば「8＋8」で16になることは簡単に分かる。ところが「8×7」となると、同数累加で「8＋8＋8＋8＋8＋8＋8」として56という結果は求められるが、たし算の式が長くなる上に次から次に繰り上がっていくので面倒である。結果が決まっているものであるなら、覚えておいた方が便利だというわけである。

しかし、もし「面倒だ」ということだけが理由で覚えるのならば、被乗数も乗数も永遠に続くため、覚える範囲には終わりがない。

九九という言葉から明らかなように、九九は1位数×1位数のかけ算の範囲を指している。九九を覚える本質的な意味合いは、これさえ覚えていれば十進数のどんな数値の乗法及び除法に対しても対処できるというところにある。つまり、乗数・被乗数が2位数以上の数になっても、九九の81種の積さえ覚えていれば処理できるというよさである。

ただし、これは、被乗数、乗数ともに「10」を超えた世界に全く触れることがなければ意識することはできない。ところが、2年生の算数の教科書に載っているのは、九九の範囲に収まる「かけ算」だけである。しかし、教科書は「最低基準」である。例え2年生であっても、意味理解の段階から「10」を超えるかけ算の世界に触れる機会を設けてもよいし、あえて設けるようにしたい。それが、本質の理解を促す教師の「演出」の第一歩となる。

○......... ドラマを生み出す教師の「演出」・**2学年**

　「1つ分の数×いくつ分」というかけ算の意味を理解するということは,「1つ分の数」が「10」を超える場面においても,「いくつ分」が「10」を超える場面においても,かけ算として捉えられるし,それを式で表すことができるということである。まず,そういうことを体験させたい。

　次に,同数累加の考え方で九九を構成するときには,乗数が「10」を超える積についても構成していく活動を設定する。そして,続きのかけ算はいくらでも存在するし,その積も作ることができるということを実感させたい。

　さらに,右表のように,例えば3の段の九九を構成した場合,一の位の数値の規則性の面白さに気づき,乗数が「10」を超える場合の積は,30に九九を足した数値になっているということも知らせたい。

3×1=③	3×11=3③
3×2=⑥	3×12=3⑥
3×3=⑨	3×13=3⑨
3×4=1②	3×14=4②
3×5=1⑤	3×15=4⑤
3×6=1⑧	3×16=4⑧
3×7=2①	3×17=5①
3×8=2④	3×18=5④
3×9=2⑦	3×19=5⑦
3×10=3⓪	3×20=6⓪

　それが,九九の必要性を感じる場面になるとともに,3学年以降のかけ算の学習の素地として機能することになる。

　このように,「当たり前を疑う」ことから教材解釈を深め,それを授業として具現化していくことが本質的な原理を習得させる「演出」となる。

第3学年

1. 計算の仕組みを探らせる「演出」
「たし算の工夫」

　ここで紹介する授業は、第3学年の「たし算の工夫」を教材として扱ったものであるが、第4学年の学級開き等で扱っても面白い教材である。

　授業の最初に、「みんなは計算が得意ですか？」と聞く。子どもからは「得意」「あまり得意じゃない」等、口々に返事が返ってくる。まず、このように自然に喋れる空間を作ることがこれからの「演出」を高めていく条件となる。

　そこで、「2桁のたし算だよ」と伝えれば、「だったら簡単。大丈夫！」というような安堵の声が聞こえてくるはずである。

　早速、1人の子どもを指名し、自由に好きな2桁の数を言わせてみる。自分で数を決めるという体験も、日頃、計算問題は先生から与えられるものと思っている子どもの意識を変える上で大事にしたい活動である。

　例えば、このとき子どもが「34」と言ったとする。カードに「34」と書いて貼る。そして、空かさず「先生は今ちょっとメモしたいことがあるから」と言って子どもたちに見えないように教師が別のカードに「あるコト」をメモする。

　続けて、別の子どもにも自由に2桁の数を言わせる。今度は「56」。さらに別の子どもにも好きな2桁の数を言わせる。「68」。それぞれの数をカードに書いて貼ると、これで2桁の数のカードが3つになった。

そのタイミングで，「今から先生が2桁の数字を後2つ書き加えるから，この5つの数を足しなさい」と指示する。結果的に右のような5口のたし算の筆算をすることになる。

　たし算の筆算であるから，位を揃えてノートの1マスに1つずつ数を書くように指示する。こういうノート指導も大事である。

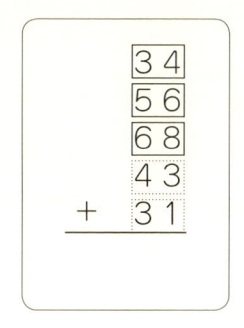

　計算した答えは，特定の子どもに言わせるのではなく，全員に一斉に言わせる。自分で計算した結果を子ども一人ひとりに自覚させる意味がある。同時に，学習を人任せにするのではなく，自分も参加しているという意識を持たせる上でも欠かせない。

　計算した答えは，「232」である。

　ここで，「ところで，さっき先生は『ちょっとメモするね』と言ったでしょ。いつ言ったかな？」と子どもたちに聞く。そして，「34と言った後だった」ということを確認し，メモした「コト」を見せる。

　実は，メモには右図のように 232 と書いてある。これを知った瞬間，「エッ，何で？」という声が湧き上がる。これがこの授業における一番の「演出」である。つまり，まだ「34」以外の数が言われていない段階で答えを書くことができた不思議を印象付けるわけである。

　子どもたちからは，「先生が後から書いた『43』と『31』の数が怪しい」という声も上がるが，教師は「実は先生は超能力者なんだよ」ととぼけてみせればよい。

　そして，さらに強調するために，同様に後2回程5口のたし算をさせる。当然，最初の数を子どもに言わせた後で，教師は答えを予測してメモしてみせ，子どもの問いの意識を挑発する。

第7章

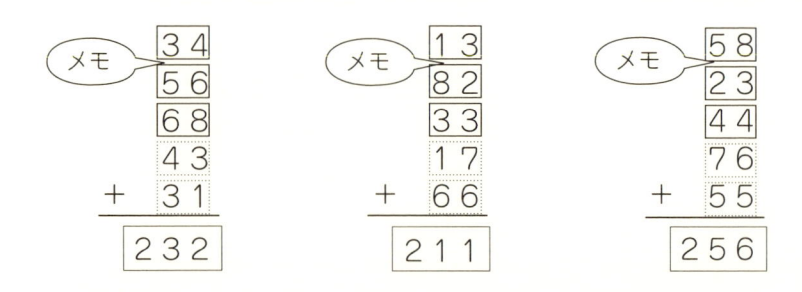

```
 メモ  34        メモ  13        メモ  58
     56            82            23
     68            33            44
     43            17            76
  +  31        +   66        +   55
  ─────        ──────        ──────
    232           211           256
```

　3つの筆算を見比べて，子どもたちは答えが予測できる謎を真剣に考え始める。ここでは，帰納的に3つの筆算に共通することを見出すという活動を仕組んでいるわけである。

　子どもたちは教師から言われなくても，周りの友達と相談し始める。このような姿は，子どもが本気になって考えている証拠である。そして，次のような共通点を見出してきた。

> 「いつも答えは2百いくつになっている」
> 　⇨ 232，211，256
> 「答えの十の位と一の位は，『最初の数－2』になっている」
> 　⇨ 34－2＝32，13－2＝11，58－2＝56

　さらに，「**99が見える**」という子どももいる。

　そこで，筆算のどこに「99」が見えるのか言葉を使わずに示させるようにした。必然的に黒板の所に来て指差して示したり，カードを動かしたりすることになるからである。算数の授業では前に来て友達に伝えるのが当たり前だということを意識付ける効果もある。そして，見えたことをリレー形式で

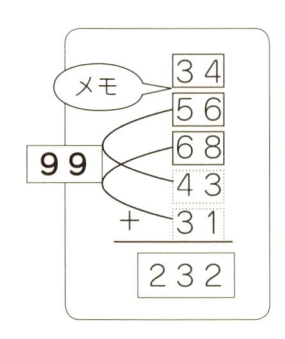

```
 メモ  34
     56
     68
 99  43
  +  31
  ─────
    232
```

他の子どもに繋げさせ，みんなが共有できるように仕組む。また，再度，周りの友達とどこに「99」が見えるのか話し合わせて全員で確認した。

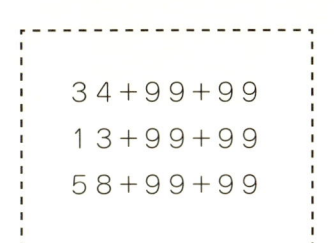

```
34+99+99
13+99+99
58+99+99
```

結果的に，3つの計算が「最初の数＋99＋99」という構造になっているということを見出した。

すると，「だから，最初の数＋200－2にすればいいんだ」という声が聞こえてきた。最初の気付きである「いつも答えは2百いくつになっている」，「答えの十の位と一の位は，『最初の数－2』になっている」ということと結びついて考えている子どもである。

それぞれ次のように式で表現して整理する。

```
  34+99+99
   +1↓ +1↓
=34+100+100－2

  13+99+99
   +1↓ +1↓
=13+100+100－2

  58+99+99
   +1↓ +1↓
=58+100+100－2
```

教師の「演出」によって生まれた問いを，みんなで知恵を出し合い，紡ぎながら解決していくドラマが生まれる。

第7章

2. 演算同士の関係を意識させる「演出」
「わり算」

　「わり算」の導入というと，一般的に「12個のあめを3人で同じ数ずつわけたときの1人分のあめの数」を求めるような等分除の場面が思い浮かぶ。そして，具体的な操作によって「等分する」という意味を明確にした上で，「12÷3＝4」と立式することを教える。

　中には，「12個のあめを1人に4個ずつわけたときに配れる人数」を求めるような包含除から導入するという考え方もある。この場合でも同様に具体的な操作によって，1人に4個ずつ配るという操作を通して，「12÷4＝3」の立式に結び付けていく。

　しかし，実際にどちらの立場から導入を図ったとしても，その次の段階では必ずもう一方のわり算を扱うことになる。そして，このとき，混乱する子どもが現れることがある。

　それは，たとえば，下図のような等分した結果の絵を見たとき，これが「12÷3」でもあり，「12÷4」でもあると2通りのわり算の式で表現されるからである。今までに学習したたし算やひき算，かけ算では決してなかったことである。それだけ子どもにとって2つのわり算の関係及びその意味理解は

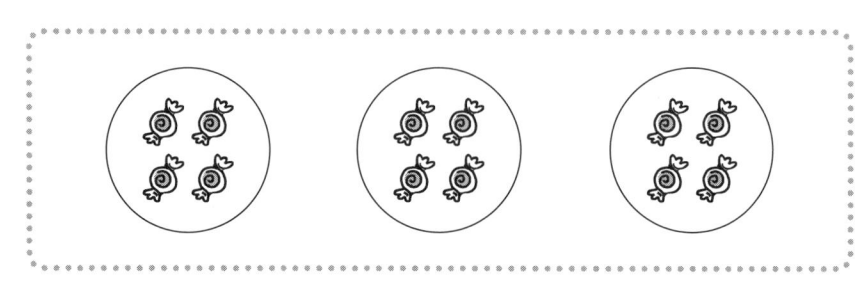

難しいことなのである。
　では，わり算だけなぜこんなことが起きるのだろうか。この問いに対する答えは，問題場面の構造を整理できていれば答えることができる。
　この図の場合，「4×3＝12」のかけ算を表した図と見ることができる。このかけ算の被乗数，つまり「1つ分」を求めるときは「12÷3」（等分除）となり，「いくつ分」にあたる乗数を求めるときには「12÷4」（包含除）と表すという見方の獲得が，わり算の意味理解において大事になる。
　逆に，わり算をただ単に「等しく分ける計算」というふうに指導された子どもは，必ず5年生の小数でわるわり算（等分除）や6年生の分数でわるわり算（等分除）で躓くことになる。なぜなら，端数である小数や分数で等分するということがイメージできないからである。
　だから，わり算の意味理解における子どもの混乱を回避するためにも，わり算との出会いの段階から，わり算には，かけ算の「1つ分」にあたる量を求める計算と「いくつ分」にあたる量を求める計算の2通りが存在するということを子どもたちに意識させたい。それは，わり算とかけ算の関係に目を向けさせることであり，結局それがわり算の演算決定の根拠となることだからである。そこが教師の「演出」するポイントとなる。
　まず，わり算の導入場面で，次のような問題を用意する。

> 　たけしさん，しずかさん，すねおさんで，あめを分けました。あめは何こでしょう。

　条件が曖昧で意味が通じないことを子どもにあえてまず訊いてみるのがこの導入問題における「演出」である。
　子どもたちはすぐに，「ハーッ？こんなのわからないよ」と反応した。当然である。しかし，「わからない」と考えている理由は，子どもによって違っている。事実，問題文中で問われている「あめ」を，最初にあった「あめ」

第7章

ととらえている子どもと、分けた後の「あめ」ととらえている子どもに分かれていた。

これは、「演出」した教師にとっては予定通りの反応である。

◆ はじめにあった「あめ」の数は何個？

はじめにあった「あめ」の数を問う問題にするとしても、このままでは解けないということが話題となった。「一人に□個ずつ分けた」という数が必要だと言うのである。

そこで「1人に4個ずつ分ける」ことにする。この場合は、「4 × 3 = 12」で12個になることが確かめられる。子どもたちは、1人分が同じ数ずつになっているかけ算の場面として認識している。

ところで、問題文中の登場人物を敢えて「ドラえもん」の登場人物にしたのには私なりの意図がある。それは、決して子どもの興味関心を惹き付けるためではない。「ドラえもん」のキャラクターでは、たけしさん（ジャイアン）が公平に分けない場合があるからである。実は、これが教材の「演出」において最も大事なポイントである。

つまり、下の図のようにばらばらになる場合には、「5 + 4 + 3 = 12」というたし算によって、はじめの「あめ」の数が求められることになる。

「あめ」の総数を求める場面から、かけ算の場合（等分）とたし算の場合（等分でない）を対比することで等分の意味理解が図れるように演出した。

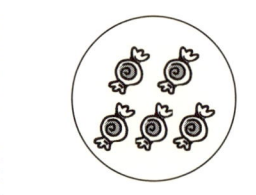

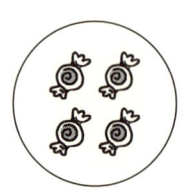

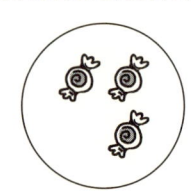

◆ 分けた後の「あめ」の数は何個？

今度は，分けた後のあめの数を問う問題について考えてみる。
このとき，2つのことが話題となった。一つは最初の「あめ」の数がわからないということであり，もう一つはジャイアンのようにたくさん取る人がいれば決まらないということである。
そこで，「あめをみんな同じ数ずつぴったり分けた」という条件を加えることにした。ただし，それでもまだ最初の「あめ」の数を決めていない。そこで，最初にあった「あめ」の数を子ども自身に決めさせるようにする。これも大事な「演出」である。
「3, 9, 12, 6, 30, 24 …」
子どもたちが決めた最初にあった「あめ」の数をカードに書いていくと，子どもの方から「並び替えて！」という声が耳に届いた。「3, 6, 9, 12, 15, 18, 21, 24, 27, 30 …」にしたいというのである。
「3の段になっている！」
「そうか，3の段の答えの数なら同じ数ずつぴったり分けられる！」
この段階ではまだわり算の式表示は教えないが，等分する場面とかけ算の関係が子ども自身に見えてきた。

はじめのあめの数		分けた後の1人分のあめの数
3（1×3）	⇒	1
6（2×3）	⇒	2
9（3×3）	⇒	3
12（4×3）	⇒	4
15（5×3）	⇒	5
18（6×3）	⇒	6

第7章

3. 演算の範囲を拡張していく「演出」
「わり算の拡張」

　かけ算九九の逆の範囲内でのわり算に習熟した段階で，わり算の意味及び数範囲の拡張を図っていくことになる。

　一つは，「あまりのあるわり算」であり，もう一つはかけ算九九の範囲を超えたわり算である。新学習指導要領でも，3年生で「簡単な場合について，除数が1位数で商が2位数の除法の計算の仕方を考えること」と新たに示された。これは，現行の学習指導要領で言えば4年生の内容である。

　ただし，その計算方法を一方的に教えるのではなく，子どもがどのように働きかけようとするのかという姿を見定めながら扱っていくようにすることが，この授業の「演出」のポイントとなる。なぜなら，その姿こそ，子どもがわり算をどのように認識しているかを示しているからである。

◆ □□÷3

　わり算の計算練習として，「□□÷3」という式を設定した。

　「□□」に数を当てはめて計算するわけだが，そのまま自由に数を入れさせると，この時期の子どもは3の段の九九の答えを入れるに過ぎない。

　そこで，1，2，4という3枚の数カードのうちの2枚を「□□」に当てはめて式を立てさせることにする。教材に対する「演出」である。

　ここで，「□□」に入る可能性のある数は次の6つ。

12，21，14，41，24，42

ところが，これらのうち$\boxed{14}$，$\boxed{41}$，$\boxed{42}$に対しては抵抗を感じる子どもが多いはずである。理由は2つ。一つは3の段のかけ算九九の答えにない数であるということ，もう一つは3の段の九九を超えた数であるということである。
　だから，まず，「安心して計算できる2桁の数を入れなさい」と指示をした。
　安心して計算できるという言葉の意味合いを通して，「わり切れる」という感覚を意識させたいと考えたのである。だから，当然，子どもたちも$\boxed{12}$，$\boxed{21}$，$\boxed{24}$のいずれかを入れることになる。
　そして，このタイミングで

「じゃあ，□□に入る数はこの3つだけだね」と言ってみる。

ここが第2の「演出」ポイントである。
「いや，まだあるけど・・・」
　そう言うと，多くの子どもたちは□□に入る可能性がある数として「$\boxed{42}$」を挙げた。逆に最も少なかったのは「$\boxed{14}$」であった。明らかに3の段の九九の答えにない数だから，$\boxed{14}$を□□にいれるのは気持ちが悪いのである。
　事実，「3×4＝12で，3×5＝15。14は3の段にないから入らない」と言った。まだ，「あまりのあるわり算」は学習していない段階だったので，この場面では「こういう数の場合はどうするの？」という疑問を引き出したところで，それ以上深入りしないようにした。

　子どもの関心は「42が3の段の答えになっているかどうか」という一点に向かっていた。

第7章

　個々にその確かめをさせる時間を確保した。この確かめ方にこそ，「42÷3」というわり算をどのようにとらえようとしているかという子どもの見方が現れるからである。
　子どもたちのアイデアは次のようなものであった。

◆ ひき算を使って確かめる

$$42 - 3 = 39$$
$$39 - 3 = 36$$
$$36 - 3 = 33$$
$$33 - 3 = 30 \cdots$$

（もうひかなくていいよ）

　累減の考え方で確かめた子どもである。ところが，「30」になったところで，「もうひかなくてもいいよ！」という子どもがいた。
　つまり，30になれば，確実に3でわり切れるということが見えていたのである。

◆ たし算を使って確かめる

　累減の考えに基づいたひき算とは逆に，累加のたし算で確かめる子どももいた。ひき算による確かめをした後で取り上げたので，3ずつ累加し始める最初の数を「30にすればいい」ということになった。
　結果的に，累減，累加，いずれの場合も「30」が鍵になっているということが意識される場面となった。

```
30 + 3 = 33
33 + 3 = 36
36 + 3 = 39
39 + 3 = 42
```

◆かけ算を使って確かめる

　もう一つの確かめ方は，かけ算の利用である。分配法則の考え方で，次のように考えられていた。

```
3×4 = 12，30 + 12 = 42
```

　この式は，累加と同じ意味になっているということもすぐに確認されることになった。
　ところが，次のように考えている子どもがいた。

```
6 × 7 = 42  だから大丈夫
```

　6が「3×2」だから，「3×2×7 = 42」ととらえているのである。
　42という数に働きかける場面を設定したことは勿論のこと，これまでの数や計算に対する積み上げがあったからこそ生まれた子どもの姿である。
　結果的に，何れの方法でも，「42÷3 = 14」になるということが間違いないということになった。

4. 子どもの感動詞を活かした「演出」
「あまりのあるわり算」

　「あまりのあるわり算」の学習では，かけ算九九を適用してわり算をしようとしてもわられる数が積と一致しない事象をどのように処理すればよいのかということを扱う。そこで登場するのが「あまり」という概念である。

　ところが，わり算がかけ算の逆の演算であるということを意識していればいるほど「あまる」という事象に戸惑うのが素直な子どもの姿である。そして，その戸惑いは「あまる」とか「残る」，あるいは「足りない」という言葉で表面化する。

　例えば，下の絵のような状況で生まれる「あまる」や「残る」という言葉は，分けた結果として見えてきた分けられないものの個数に着目した見方である。この場合，多くの子どもは3個という数に着目する。ただし，中には「7個残る」という見方をする子どもがいるかもしれない。つまり，できるだけ分けると考えなければそのような考えが現れても不思議ではないわけである。

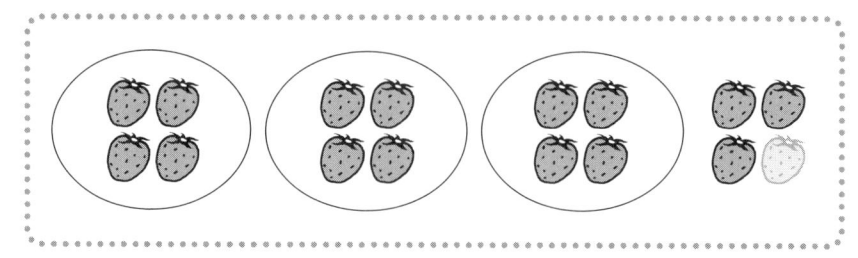

　一方，「足りない」と言う子どもは，さらに分けようとしたときに「後いくつあればよいのか」と考えている子どもである。だから，分けるために必要なものの個数に着目した表現であり，上の図の場合，🍓の個数を意識し

て「1個足りない」と言うことになる。
　これらの違いを大事にしつつ，「あまり」の概念を明確にしていく過程を実現していくことが，この授業でドラマを生み出す「演出」となる。

◆ 感動詞で子どもの見方を引き出す

導入では，次のような問題場面を設定する。

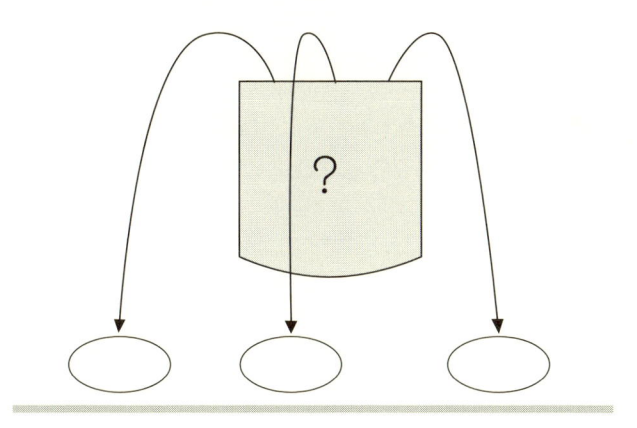

　袋の中に入っているイチゴを3人に分けるという場面である。ただし，袋の中に入っているイチゴの個数は分からない。一見すると，どうやって分ければいいのかわからない問題場面であるが，等分除のわり算の考え方が定着している子どもは難なくこなすことができる。つまり「トランプの配り方で分ければいい」と言うのである。
　逆に，このような状況を打破できないとすれば，形式的なわり算の処理ばかりを意識している子どもだと言ってよい。

　ただし，「3人ではぴったり分けられない数かもしれないよ」と言う子どももいる。そこで，教師が演じて見せるようにする。

第7章

　お皿の上に1つずつイチゴを載せながら,下の図のような状況まで進めた。子どもは,これで最後まで分けられそうだという見通しを持ち始めている。このタイミングで,意図的に袋の中を覗き込み,二通りの感動詞を発してみる。これが一番大事な「演出」である。

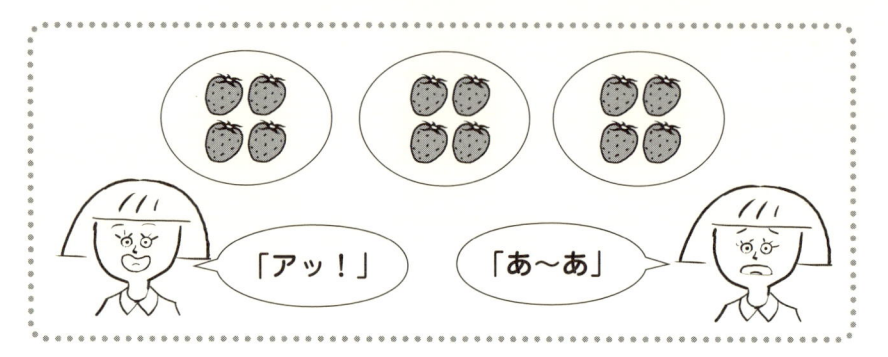

[図：3枚のお皿にイチゴが4個ずつ載っている。左の子「アッ!」，右の子「あ〜あ」]

　その声を聞いた子どもたちは,「わかった!ぴったり分けられないんだ」と言った。言葉としてはとても短い感動詞である。しかし,感動詞を手がかりとして,子どもたちは袋の中の状態をイメージし始める。
　すかさず,「じゃあ,『アッ!』や『あ〜あ』の後に何と言うと思う?」と問いかけ,隣同士で相談させる。
　子どもが想像した言葉は次のようなものである。

「アッ!足りない!」
「あ〜あ,あまっちゃった!」

　感動詞の違いによって,子どもがイメージしていることが異なっていることが分かる。
　「アッ!足りない!」という言葉をイメージした子どもは,前述の「後いくつあればよいのか」と考えている子どもである。
　一方,「あ〜あ,あまっちゃった!」と言う子どもは,1人に4個ずつ分

○………ドラマを生み出す教師の「演出」・3学年

けた結果として見えてきた分けられないイチゴの個数に着目した見方なのである。

その違いを明らかにするために,「『あまる』と『足りない』は何が違うの？」と問うてみた。

子どもは，次のように説明した。

「例えば，袋の中に後1個だけあったら，その1個があまっているの。そして，あと1個ずつ3人に分けようとすると2個足りないわけ」

「あまっちゃった」と言うイチゴと「足りない」と言うイチゴが，それぞれ違うイチゴを指しているということをはっきりさせることが大事なのである。だから，子どもたちは「袋の中には1個か2個あるはず」と見当をつけた。

そこで，一人の子どもを前に呼んで，袋の中のイチゴに手で触らせてみた。

「あれ？1個や2個じゃない！もっとある」

この言葉に周りの子どもたちも驚いた。と同時に，「ずるい！」，「それならまだ分けられる！」という言葉で教室中が賑やかになった。

実際には，袋の中にまだ入っているイチゴは5個であった。それを見せて，「5個あまっちゃった」とわざと言ってみせた。

子どもたちは，「だったら，後1個ずつ3人に分けられる」，「あまるのは2個」と口々に言った。つまり，できるだけ多く分けられるだけ分けた結果として残ったイチゴの個数が「あまり」だということを表現したわけである。

感動詞を「演出」の鍵とすることで，子どもが持っている数の感覚を引き出し，「あまり」の意味を明らかにしていった。

第7章

5. 筆算を使わずに計算できる面白さを味わわせる「演出」　「かけ算」

　筆算で計算できることが計算領域の学習のゴールではないと述べた。これは，形式的な筆算指導に対する警鐘であるとともに，計算できることだけで満足する子どもでは困るという思いがあるからである。極論であるが，計算力のある子どもは，筆算など使わなくても計算できる子どもである。計算のイメージを持っていることは勿論のこと，数感覚が備わっている子どもが計算力のある子どもだからである。

　たとえば，「16 × 25」の計算を，「筆算を使わずに計算しましょう」と言ったとき，ある子どもは，次のように暗算するかもしれない。

$$16 \times 5 = 80$$
$$16 \times 20 = 320$$
$$80 + 320 = 400$$

　この場合，結局，乗数の分配法則によって筆算と同じ計算処理をしている。しかし，それでも筆算形式を書かなくても頭で処理できる分，計算のイメージをしっかり持っていると見ることができる。

　一方，瞬時に「400」と答えられる子どももいるだろう。このような子どもは，筆算に依存した計算処理をしていないはずである。おそらく，瞬間的に16が「4 × 4」に，そして「25 × 4 = 100」が見えている子どもである。

$$16 \times 25 = 4 \times 4 \times 25 = 4 \times (4 \times 25) = 400$$

　数を分解し，結合法則を用いて計算処理しているのである。
　平成19年度全国学力・学習状況調査のB問題にも「1個25円のチョコレー

トを12個買った代金」を求める計算の工夫を扱った問題が出題されていた。そこで，要求されているのは，答えを求めることではなく，計算の工夫を言葉や式で表現できるということであった。計算を工夫して処理しようとする姿勢が備わっていない限り解けない問題であり，言い換えれば，このような子どもの姿が期待されている。

なお，計算に対して工夫しようとする子どもは，たとえば「14×45」のような計算も瞬時に処理し，「630」と答えられる。
この場合は，14を「2×7」，45を「5×9」と見ているのである。だから，
(2×7)×(5×9)＝(2×5)×(7×9)＝10×63＝630
つまり，数や計算に対する働きかけ方が柔軟であり，多様な対処方法を持ち合わせている子どもの一つの姿である。このように計算に工夫して働きかけることを楽しむ子どもを育てたい。「筆算のような面倒なことは，なるべくしたくない！」，「どうにかして簡単に処理できないか？」という考え方がその基盤となっている。

ただ，こう述べると，「もともと頭の賢い子どもでなければそんな計算処理はできない」と考えてしまう教師がいる。

実は，そのような計算処理に対する教師のとらえ方が一番問題なのである。なぜなら，自らの指導内容を振り返ろうとせず，子どもの資質に責任を転嫁しようとしている姿勢が現れているからである。

当然のことだが，前述のような計算処理をする子どもが，偶然生まれてく

るはずがない。例示した計算例は3年生の学習内容であるが、1年生からの学習を系統的に積み上げることによって生まれてきた姿なのである。

たとえば16という数を見た時に、「2×8」、「4×4」というかけ算九九が見えるのは、2年生の段階からかけ算九九の習熟として積から九九を見つける学習を積み上げてきたからに他ならない。更に言えば、数を分解してみようとする見方の素地は、1年生の「いくつといくつ」にまで遡る。単元の学習を細切れとして扱うのではなく、単元間のつながりを意識した指導がいかに重要であるかということである。

ところで、ここでは「つながりを意識した指導」という表現を用いたが、これこそ「活用」であり、有意味な「反復」である。現在学習していることが次にどのような学習につながっていくのかということを、教師自身が把握せずに指導しても、活用できるものにはなりにくい。「活用」という言葉を、安易に生活場面に活かすことなどととらえているだけでは不十分である。

◆ 筆算指導と計算力

計算領域の学習では、なるべく筆算を用いずに計算させるようにしたい。筆算形式は、計算処理に困ったときの「最終手段」という意識を子どもに植え付けたいと思っている。

先ほどの「2位数×2位数」の例に至る前段階にあたる「2位数×1位数」の計算原理の習得段階でも、筆算を教えるまで様々な計算のアイデアを引き出す授業を繰り返すことが大事になる。

例えば、「14×4」の計算を「(かけ算九九を学習した)2年生でもわかるようにするにはどんな方法で説明すればよいだろう?」と問うてみる。これが筆算に頼らないで計算させるための「演出」である。

実際に子どもたちから現れたアイデアは次のようなものである。

◯……… ドラマを生み出す教師の「演出」・3 学年

◆ たすたす方式 ①（同数累加）
14 ＋ 14 ＋ 14 ＋ 14 ＝ 56
◆ たすたす方式 ②
14 ＋ 14 ＝ 28，28 ＋ 28 ＝ 56
◆ 頭合体方式 ①（被乗数の分配法則）
7 × 4 ＝ 28，28 ＋ 28 ＝ 56
◆ 頭合体方式 ②
6 × 4 ＝ 24，8 × 4 ＝ 32，24 ＋ 32 ＝ 56
◆ 頭合体方式 ③
5 × 4 ＝ 20，9 × 4 ＝ 36，20 ＋ 36 ＝ 56
◆ 頭合体方式 ④
4 × 4 ＝ 16，10 × 4 ＝ 40，16 ＋ 40 ＝ 56
◆ 分解方式
14 × 4 ＝ 7 × 2 × 4 ＝ 7 × 8 ＝ 56

それぞれのアイデアと「14 × 4」のアレイ図とを対比させながら，どこの●を数えていることになるのかを確認していくことで，計算していることのイメージを確かなものにしていく。中でも，「分解方式」と命名された方法は，子どもたちにとって新しい見方であったので丁寧に確認した（右図）。

この体験をもとに，さらに他の計算も筆算を使わずに計算させてみる。すると，「27 × 3」であれば，「分解方式」で「9 × 9」になるとか，「69 × 8」の場合には「分解方式」が使えないというように，数を吟味する姿勢が子どもに備わってくる。問題の数値をただ与えられたものとしてその

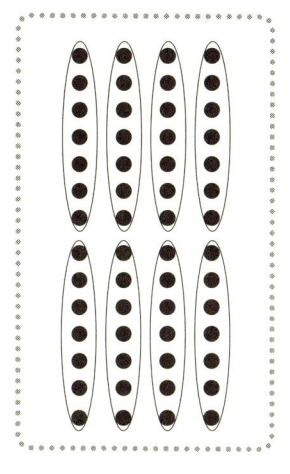

第7章

まま何も考えずに筆算で処理するのではなく，子どもが簡単な計算問題に変換しようと数を見ることが数感覚を育てる体験となる。言われてするのではなく，自らがいろいろと工夫しようとする子どもは算数好きになる子どもの一つの姿と考えてよい。

だから，「69×9」に対しても新たな工夫が生まれてくる。

> ◆借金作戦①（被乗数の分配法則）
> 70×9−9＝630−9＝621
> ◆借金作戦②（乗数の分配法則）
> 69×10−69＝690−69＝621

この借金作戦（ネーミングの是非は検討する必要があるかもしれないが…）という考え方は，半端な数を区切りのよい数に置き換えて計算し，その後で調整するというアイデアである。この計算方法がアレイ図のような図を用意して考えられたものではないというところが面白い。「69」や「9」という数を見て，その数から「70」や「10」をイメージできるということが，いわゆる数感覚に支えられた着想なのである。

このことからわかるように，計算原理を理解させる場面では図を活用してその意味理解を確かにすることが必要であるが，ある段階からは，図に頼らずに計算に働きかけさせるような活動を設定することも意識したい。

要は，筆算形式に頼らない計算力の育成が，計算を面白いと感じる子どもを育てる鍵だということである。また，筆算形式は国によって異なるものであり，万国共通ではないということも意識しておきたい。それだけで，筆算形式をただ教えて覚えさせればいいものではないということがわかるはずである。

6. 計算の中に存在するきまりを帰納的に意識させる「演出」　「2桁のかけ算」

　計算力を定着させる方法は，その計算練習場面を保障し充実させることだけに限らない。一般的な問題解決の授業場面において計算力の定着を図ることもできる。

　例えば，3年生に次のようなアレイ図を5秒間だけ見せて，●が全部でいくつあるのかを問う。

　すると，すぐに「わかった」という子どもがいる。この子どもは，反射的に縦と横に並んでいる●の数を数えている。縦と横が整然と並んでいるアレイ図だから無意識のうちにかけ算を適用しているのである。

　ただし，「10×10」という2位数のかけ算を扱うのは初めてである。しかし，子どもにとって決して難しい計算ではない。「10が10こ集まっているのだから100」これは十進位取り記数法の仕組みそのものである。

　ここで，次のように言って子どもを揺さぶってみる。この授業における第一の「演出」である。

　「じゃあ，たてを1行増やして，横を1列減らすと●の数は変わるかな？」

　ただし，考える時間は一瞬である。瞬間的に「変わる」か「変わらない」かの判断をさせて，予想を聞く。決して子どもたちに正解を期待しているの

ではないからである。

　このとき、「変わる」と判断した多くの子どもは、頭の中で「11 × 9」を計算している。その一方で直感的に「変わらない」と思った子どももいる。だから、「変わらない」と思った子どもの理由を他の子どもに考えさせる。
　「たし算だったら、たされる数が1大きくなって、たす数が1小さくなっても答えは同じだから、かけ算でもたし算みたいになると思ったんじゃないかな？」
　これを聞いて、「変わらない」と思った子どもたちも肯いてみせる。
　改めてどうなるのか確認する。確かに「11 × 9 ＝ 99」となる。「●が100より1つ少なくなるね」と繰り返して言う。
　「じゃあ、今度は・・・」
　ここまで言っただけで、「あっ、先生がこれから言うことがわかった！」という声が耳に届いた。
　空かさず「エーッ、まだ何も言っていないのに先生の言うことがわかるの？」ととぼけてみせると、「わかる、わかる」という声が学級中に拡がっていく。しかし、ここではあえて教師自身が次のように言う。
　「たてを2行増やして、横を2列減らすと●の数は変わるかな？」
　子どもたちは「やっぱりそうだ」と言いながらも、既に考えている。「変わるよ」「もっと減るよ」こんな声が教室のあちこちから聞こえてくる。
　実際に「12 × 8」という式と、その答えが96になることを確認する。
　すると、もう既に次を考えている子どもがいる。こういう姿は大いに褒めたい。なぜなら、この授業で教師が「演出」する目的はこのような子どもの姿を引き出すことだからである。
　ただ、このときの子どもの様子をよく見ると、実は二通りの子どもの姿が見える。単純に数を変えて計算している子どもとその変化を面白がっている子どもである。
　後者の子どもは、「きまりがある」と言う。

○········ ドラマを生み出す教師の「演出」・3 学年

```
10×10＝100
           ↘ 1（1×1）減る
11× 9＝ 99
           ↘ 4（2×2）減る
12× 8＝ 96
```

そして,「13×7＝91 も,やっぱり 100 より 3×3＝9 だけ小さい」と,自分が見つけたきまりが成り立つかどうかを確かめようとする。教師が何も言わなくても次から次へと計算を進めていく。

```
14×6＝84 （4×4＝16 減る）
15×5＝75 （5×5＝25 減る）
16×4＝64 （6×6＝36 減る）
17×3＝51 （7×7＝49 減る）
18×2＝36 （8×8＝64 減る）
19×1＝19 （9×9＝81 減る）
20×0＝0  （10×10＝100 減る）
```

「2 位数×1 位数」の計算を進めていく中で,子どもから「でも,どうしてだろう？」という声が上がった。
そこで,式で計算するだけではなくアレイ図で考えてみることにした。

▷ 89

まずは,「11×9」から考える。

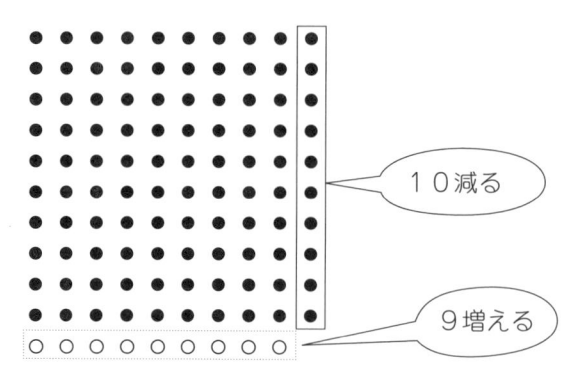

> 10減る
> 9増える

だから 10 − 9 = 1 だけ減る。

次は「12 × 8」。

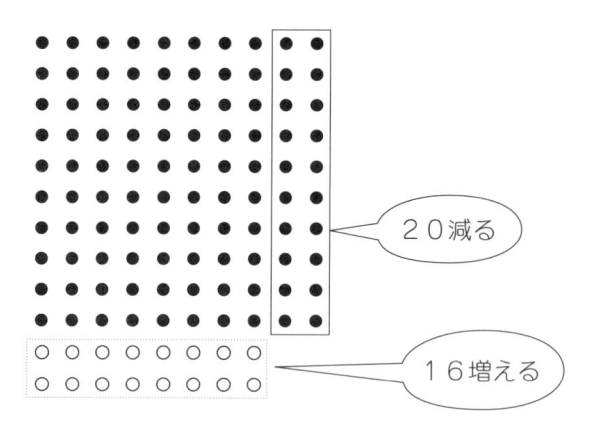

> 20減る
> 16増える

だから, 20 − 16 = 4 だけ減る。

　教師の「演出」によって「きまりを探ってみたい」という子どもの問いの意識を引き出すことで,結果的に子どものかけ算の計算技能の習熟を図るとともにアレイ図の見方の定着も推し進められていく。

7. 計算に対して自ら問いかけていく態度を引き出す教師の「演出」　「2桁のかけ算」習熟

　本書ではくり返し述べているが，計算領域においてまず子ども達に育てたい力は，計算に対して自ら問いかける力である。子どもが計算の数値や演算の意味に働きかけ，計算処理について考えていく力である。
　逆に，計算に問いかけようとしない子どもは，ただ答えを導き出すことだけに価値を置き，機械的に筆算で処理さえすればよいと考える。計算は，確かに数という無機質なものでできており，機械的な処理の正確さに目が向かいがちである。しかし，私が育てたい子どもは，一見無機質な計算にも不思議さや面白さを感じ，興味関心を持って，「いつでもそうなるのかな？」「どうしてそうなるのかな？」と探究していく子どもなのである。

　だから，例えば「早く筆算を教えて！」，あるいは「筆算さえ覚えればいい！」といった見方を持っている子どもは，「問いかける子ども」ではない。昨今の「計算はできるけれども算数が好きではない」という子どもは，計算処理に関する知識や技能を身につけているけれども，計算に対して自ら働きかけようとしていない，問いかけようとしていない子どもの典型である。

　やはり，「問いかける子ども」を育てるためには，子どもが抱いている計算に対する価値観そのものを転換していかなければならない。つまり，如何にして子どもから計算に対する興味関心を生み出すかということに指導の重点を置く必要があるということだ。そして，子どもが抱いた興味関心に基づき，計算の奥に広がる世界の存在に気付かせ，それを追究していく体験を充実させていくことが重要になる。そのような体験の蓄積は，結果的に算数的

に価値あることに自ら気付く面白さや充実感を味わわせることにもつながっていく。

特に，新学習指導要領では計算領域の指導内容も増えることになる。ただ内容をこなし，定着を図ることばかり重視していると，ますます計算嫌いの子どもを生み出しかねない。だからこそ，今，逆に「問いかける子ども」を生み出すという視点から計算指導を積極的に行っていきたいのである。そのためには，当然のことながら教師の「演出」が欠かせない。

◆ 計算への「問いかけ」が生まれる要因

3年生の「2桁×2桁」の筆算形式の習熟，即ち計算練習の場面である。ただし，計算練習といってもランダムに意味のない数値の計算を扱うのではただの「力技」となってしまい，子どもも面白くない。

最初に子ども達に次の2つの問題を計算させてみる。

```
①            ②
    1 2          2 1
  ×2 1        ×1 2
```

これらの筆算の答えは，どちらも「252」になる。

交換法則になっているため，子どもも「同じ答えになるにきまっている」と考える。

では，次の場合はどうだろうか。

○……… ドラマを生み出す教師の「演出」・3学年

```
③   24          ④   42
   ×21             ×12
    24              84
   48              42
   504             504
```

これらの答えは，どちらも「504」である。

さらに，次の2組の計算を続ける。今度の答えは，どちらも「756」で同じになる。

```
⑤   36          ⑥   63
   ×21             ×12
    36             126
   72              63
   756             756
```

ここまでくると，2組ずつ積が同じになることに対して，子どもたちは興味を示し始める。と同時に，答えが同じになる組み合わせに「ひみつ」があるはずだと考えた。

この場面が，子どもの問いかけが生まれた瞬間である。

つまり，最初はただ単に計算練習をしていたつもりだったのに，答えが同じになる筆算が存在するという事実に連続して出会うという刺激によって，子どもから「問いかける」という行為が生まれたのである。

ここで，「問いかける」行為が生まれた一つの要因は，子どもが抱いた意外感である。この場合は同じ答えになるという事実が，子どもの心を動かしたのだ。逆に言えば，心が動かなければ，「問いかける」という行為は生まれない。だから，子どもの心の動きを想定し，「アレッ？」「オヤッ？」という子ども

第7章

の意外感が生まれる場面を設定するということが，教師の大事な「演出」であり，教師の役割となる。この教材に絞って言えば，練習問題として与えた筆算の数値の設定と，その提示の順序こそが教師の「演出」ということになる。

なお，「問いかける」方向性が絞られているということも，子どもから「問いかける」という行為が生まれたもう一つの要因である。

つまり，「何かひみつがありそうだ」とか，「同じきまりがあるはずだ」という見方を子ども自身が持つことができるということである。あるいは，他にも同じ答えになる「2桁×2桁」の計算を見つけてみようとすることでもある。このように何を追究すればよいのかということが子ども自身に見えるということも「問いかける子ども」を生み出す上で欠かせない条件なのである。

子ども自身が計算に問いかけ始めると，教師はもう問題を出す必要はない。子ども達に同じ答えになる「2桁×2桁」のかけ算のペアを見つけさせるようにするだけである。

中には，きまりを追究する段階で，自分に見えたきまりを他の数値の場合に適用した結果，下の筆算のように同じ答えにならないという反例に出くわし戸惑う子どもも現れる。

```
    24              42
  × 52            × 25
  ────            ────
    48             210
  120              84
  ────            ────
  1248            1050
```

アレッ？
答えがちがう？

○ ········· ドラマを生み出す教師の「演出」・3学年

　この子どもは，「被乗数と乗数の十の位と一の位を入れ替えれば積が同じになる」と想定していたのだが，そのきまりが通用しないという壁に突き当たったわけである。

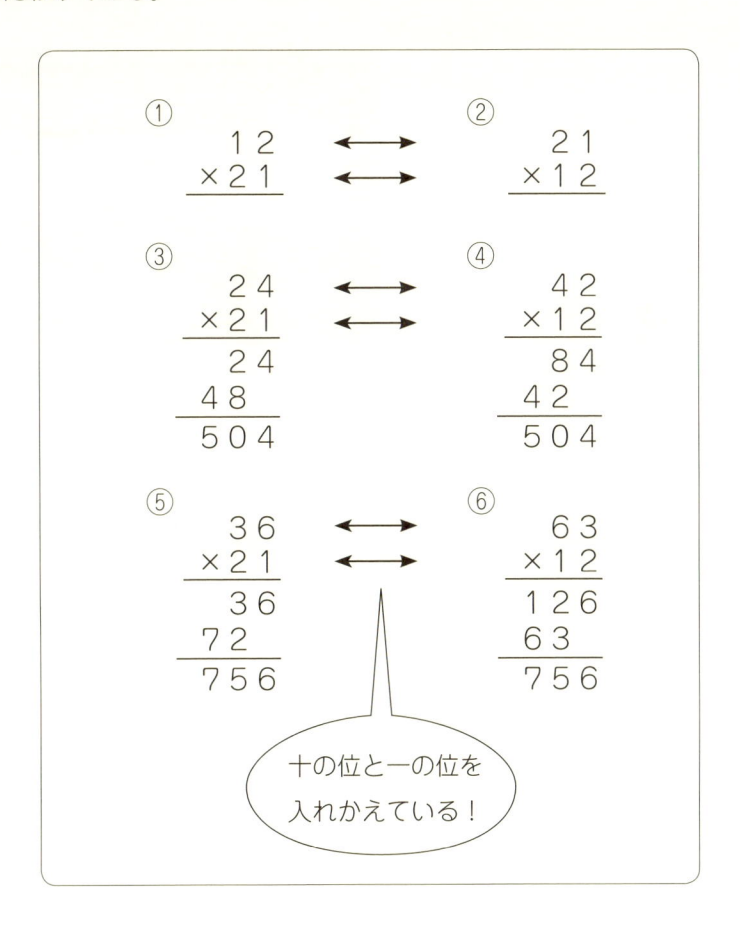

```
①  　12        ②  　21
   ×21           ×12

③  　24        ④  　42
   ×21           ×12
   　24           　84
   　48           　42
   　504          　504

⑤  　36        ⑥  　63
   ×21           ×12
   　36           126
   　72           　63
   　756          　756
```

（十の位と一の位を入れかえている！）

　結果的には，子どもの探究心が更にくすぶられることになった。ロケットに例えるならば第2ロケットの噴射である。「問いかける」行為は，子ども自らの試行錯誤の中でも生まれるのである。そして，問いかける質も深まる。
　だから，子どもの試行錯誤を保障することも「問いかける」行為を生み出

第7章

す要因であり,「演出」として教師が意識していくべきポイントとなる。

　なお,子どもたちはその後,同じ様に被乗数と乗数の十の位と一の位を入れかえて同じ答えになるかけ算を見つけようと試行錯誤する。
　結果的に,次のような組み合わせを見つけてきた。

```
⑦    14          ⑧    41
    ×82              ×28
     28              328
    112               82
   1148             1148
```

```
⑨    13          ⑩    31
    ×93              ×39
     39              279
    117               93
   1209             1209
```

　①と②,③と④,⑤と⑥,⑦と⑧,⑨と⑩,それぞれのペアを改めて見つめ直していくうちに,「アッ！同じことがある！」という声を挙げる子どもが現れた。

○･･･････ドラマを生み出す教師の「演出」・3 学年

① ×(1)(2)(2)(1)	② ×(2)(1)(1)(2)	各位の上下の積が 2
③ ×(2)(4)(2)(1)	④ ×(4)(2)(1)(2)	各位の上下の積が 4
⑤ ×(3)(6)(2)(1)	⑥ ×(6)(3)(1)(2)	各位の上下の積が 6
⑦ ×(1)(4)(8)(2)	⑧ ×(4)(1)(2)(8)	各位の上下の積が 8
⑨ ×(1)(3)(9)(3)	⑩ ×(3)(1)(3)(9)	各位の上下の積が 9

　上の図のように十の位と一の位の数を○で囲み，「どのペアも各位の2つの数をかけた答えが同じになっている」ということを発見したのである。
　周りの子どもたちも「すごい！」「本当だ！」と大いに感動している。まさにドラマである。

第7章

第4学年

1. 式と式の関連を意識させる「演出」
「2桁でわるわり算」

　「2桁でわるわり算」の導入では，一般的に「60÷20」のような「何十÷何十」の計算を扱うことが多い。例えば，「60枚の折り紙を20枚ずつ配ると何人に分けられますか？」というような問題場面である。そして，問題場面の意味をもとに「60÷20」と立式し，その計算方法について考えさせる。

　この場合，折り紙という具体物の特性を生かし，それを10枚ずつの束だと考えて，「60÷20」を「6束÷2束」に置き換える。結果的に，「6÷2」の計算で商が求められることが確認される。

　これは被除数と除数に同じ数をかけても，あるいは同じ数でわっても商は変わらないというわり算のきまりを生かした考え方である。具体的な文脈から計算のイメージ化を図ることも大事であるが，このようなきまりを意識できるようになることを，わり算の基本としてより一層大事にしなければならない。なぜなら，この考え方は小数のわり算や分数のわり算の仕組みにも転移して用いられるものだからである。

　ところが，「2桁でわるわり算」を学習した子どもは，ただ単に0を取って計算すればいいという表面的な処理形式だけを覚えていることが多い。そのような子どもの中には，「600÷20」であっても「6÷2」と考えてしまう子どももいる。

　一方，わり算のきまりを意識できる子どもは，「600÷20」の商は「60÷2」

と同じになるという意味を捉えやすい。わり算のきまりが意識できるということは，わり算の計算処理の仕方に対する理解のみならず，わり算という計算に対する見方や感覚も育っているのである。もし仮に，2位数でわるわり算の学習のねらいが計算できることだけであるならば，筆算形式を教え込み，習熟を図ればよいだろう。しかし，そうではない。

確かにアルゴリズム通りに進めていけば商を導き出せる筆算は便利であるし，その筆算を習得することには意味がある。ところが，筆算を重視してわり算を指導された子どもの中には，ただ単に筆算形式を覚えることばかりに集中し，その結果，わり算は筆算でなければできないと考える傾向が現れてくることもある。

逆に数に対する感覚や計算に対する感覚を身につけている子どもは，筆算を用いなくとも柔軟にわり算を処理する方法を考え出す。

やはり，育てるべき子どもの姿は，わり算について柔軟に考えることのできる子どもである。子どもがわり算について学習する意味は，子ども自身のわり算に対する見方を深めると同時に，数に対する感覚や計算に対する感覚を養っていくことに他ならない。

◆ わり算に対する子どもの見方を確かめる

わり算に対する子どもの見方は，3年生で初めてわり算と出合った頃から育ち始めている。

第3学年のわり算では，等分除と包含除をそれぞれ個別に扱い，わり算の意味についても指導する。しかし，学習後に定着しているわり算に対するイメージとして，多くの子どもが等分除を挙げる。「分ける計算」というイメージを強く持つ子ども達にとって，「何人で分ける」という場面の方が具体的にイメージしやすいのである。

しかし，そもそもわり算を「分ける計算」と捉えて指導していいのであろ

第7章

うか。答えは，これまでにも述べてきた通り否である。

　例えば「12÷3」という計算があったとき，その商を求めるためには，3の段の乗法九九を用いる。この計算では「3×□＝12」（包含除のもと）や「○×3＝12」（等分除のもと）となるときの□や○の数値を求めているからである。

　このように，わり算がかけ算の被乗数もしくは乗数を求める計算であるという見方を子どもが確実に獲得できれば，等分除や包含除の意味も理解しやすいはずである。

　同時に，わり算はかけ算と逆の計算をしているという意味理解ができていれば，「12÷3の商が4であるなら，12÷4の商は3になる」という意味も理解されやすい。なぜなら，子どもは「3×4＝4×3」という乗法の交換法則を理解しているからである。

　これは，仮に「3×□＝48」であったとしても同様である。「48÷3」のわり算によって，子どもが「□は16である」ということを導き出せば，「48÷16」という2位数でわるわり算の商が3であるということも決まるという見方にもつながる。

　そこで，2位数のわり算の導入だからこそ，わり算に対する子どもの素直な見方を引き出していくことが大事になってくる。特に以下の2点を確かめさせるようにしたい。

○ わり算はかけ算の乗数や被乗数を求めている計算であるということを再確認する。
○ 結果的に2位数でわるわり算が存在することやその商の求め方に対する基本的な考え方を確認する。

　このようにわり算に対する基本的な意味理解を図っていくことが，形式的

な理解に止まるのではなく，計算に対する感覚を養っていくもとになる。そのためには教師の「演出」が必要となる。

◆ 2けたでわるわり算の導入教材

「48個のあめを同じ数ずつ分けるとぴったり分けられました」
という場面を与えてみる。当然，子ども達には何個ずつ分けたのか，何人に分けたのかはわからない。そこで，この場面に当てはまる分け方にはどのようなものがあるのかを考えさせてみる。すると子どもたちは，「例えば2人だったら」（等分除）や「例えば2個ずつだったら」（包含除）という条件を仮定する考え方を用いることになる。これが第一の「演出」ポイントである。

このとき，どちらも「48 ÷ 2」という同じ式で表されるが，商となる 24 は 1 人分の個数を表していたり，人数を表している。それは，「24 × 2 = 48」（等分除になる場合）や「2 × 24 = 48」（包含除になる場合）の逆が「48 ÷ 2」のわり算になっているからである。そして，そのことから「48 ÷ 24 = 2」というわり算が成立するということにも気づく。

また，この教材はいわゆるオープンエンドの問題場面でもある。「48 ÷ 1 = 48」,「48 ÷ 2 = 24」,「48 ÷ 3 = 16」,「48 ÷ 4 = 12」,「48 ÷ 6 = 8」,「48 ÷ 8 = 6」,「48 ÷ 12 = 4」,「48 ÷ 16 = 3」,「48 ÷ 24 = 2」,「48 ÷ 48 = 1」の式を導き出していく中で，約数的な見方や，わる数が2倍3倍になれば商が $\frac{1}{2}$，$\frac{1}{3}$ になるという反比例の関係についても意識させるこ

第7章

とができる。新学習指導要領から6年に反比例が復活するが、4年生の段階からその素地を養っておきたい。

◆ 問題場面を提示する

「ある人からこんな話を聞きました」と言って、次のように板書する。

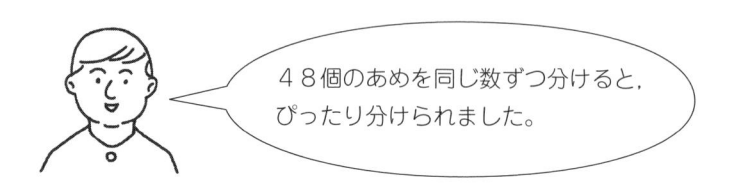

> 48個のあめを同じ数ずつ分けると、ぴったり分けられました。

「もう答えがわかった」という反応が現れる一方で、「質問！」という声も挙がる。そこで、「質問は何？」と訊いてみる。

「何人に分けたの？」と言う。すると、空かさず「それだけじゃない、何個ずつ分けたのかもわからない！」という声も挙がる。

「でも、答えがわかったという人もいるよ」と投げ返して、答えがわかったという子どもに話を聞いてみた。

「6人に8個ずつ分けたと思うよ」この声が聞こえるや否や、「だったら、それだけじゃないよ」、「間違いじゃないけど、他にもたくさんあるよ」口々に子ども達の声が響く。つまり、「一つの分け方だけではない」というわけだ。

そこで、「じゃあ、この人は嘘を言っているの？」と問うと、「嘘じゃないけど、この人の話の分け方は何種類もある」と、さらに自分達の考えを明確に意識する。

子どもたちの課題意識は、謎の人の話から「どんな分け方が考えられるのか？」ということに絞られた。

そこで、考えられる分け方をノートに自分なりに表現させてみる。これは、子どもなりの見通しを持たせるための「演出」である。

机間巡視をしながら子ども達のノートを見ると，文章で書いている子どももいれば，数字だけを書く子ども，あるいは式で表現する子どもがいる。

| 表現① （文章）6人に8個ずつ分ける |
| 表現② （数字だけ）1、2、3、4、6・・・ |
| 表現③ （式）48÷6＝8 |

　大体5分程であろうか，まだ書いている途中の子どももいるが，敢えてそこで止める。ここからは友達の見方を情報として与え，互いに関わらせながら自分の見方を整理させたり，あるいは深めさせたりするようにする。
　早速，子どもが考えた分け方を1つずつ順次発表させていくことにする。ところが，子ども達の表現は①言葉，②数字だけ，③式　と異なっている。最初は，友達の分け方を聞いて自分の表現の仕方のどれと一致するのかを考えなければいけない。

　最初に，既に言われていた「6人に8個ずつ分ける」という分け方が自分のノートの中に書かれているかどうか確かめさせる。すると，「ある！ある！」という反応とともに，「私は6だけ書いた」とか「僕はそれを式で書いたけど…」という声も挙がる。そこで，「どんな式なの？」と確かめると「48÷6＝8」と言う。
　この時，「48÷8＝6でもいいよ」という包含除の見方を表す声が挙がることもあるだろうが，等分除の意識が強い子どもたちであれば現れにくい。そこで，この時点で深追いするのではなく，わり算の式で表現できるということを確認するようにする。式のよさを意識させ，式で表現させるように仕向けることも大事な「演出」である。
　「48÷2＝24」，「48÷4＝12」…式がランダムに表される度に，画用紙の短冊カードに記入して提示する。また，その都度どういう分け方であ

第7章

るのか全員の子どもに言葉で表現させる。

そんな中,「48 ÷ 4 = 12 があるなら…」という声が挙がった。周りの子ども達にこの言葉の続きが何であるのかを考えさせみる。

「48 ÷ 12 もあるということかな?」多くの子どもはこの言葉に頷いた。そこで,わる数が2位数であることを確認した上で,「どうしてそう思ったのか?」と訊いてみた。「だって,12と4を逆にしてみたの」,「確かめ算は 12 × 4 = 48 でしょう,だから反対にして 48 ÷ 12 でも答えが4になる」

子どもなりに感じたことが語られていくうちに,「48 ÷ 12」の商が4であるということも確認される。子どもたちは2位数でわるわり算もかけ算を用いて計算できるというイメージを持ち始めた。

その証拠に,「だったら他の分け方も全部わかる」という声が挙がった。再度,ノートに書く時間を保障すると,残りの式をノートに整理し始める。今度はどの子どもも式による表現である。

結果的に次のように整理された。全て「それがあるなら,これがある」という考えに基づいている。

48 ÷ 1 = 48	⇔	48 ÷ 48 = 1
48 ÷ 2 = 24	⇔	48 ÷ 24 = 2
48 ÷ 3 = 16	⇔	48 ÷ 16 = 3
48 ÷ 4 = 12	⇔	48 ÷ 12 = 4
48 ÷ 6 = 8	⇔	48 ÷ 8 = 6

そして,黒板上でも整理された短冊カードの式をもとに,「それがあるなら,これがある」のきまりのみならず,「わる数が2倍になると商が半分になる」という規則性に気づく子どもも現れた。

2. 既習の計算との関連を意識させる「演出」
「2桁でわるわり算」

　同じ「2桁でわるわり算」の導入であっても，子どもの実態によっては全く別の展開が考えられる。

> 1人に21枚ずつコインを配ります。
> ただし，手持ちのコインは□□枚です。

　手持ちのコインの枚数がわからない条件不足の問題である。同時に問われていることも示されていない。だから，だれも答えを求めることはできない。逆に言えば，全ての子どものスタートラインを揃えられることになる。これが，この授業の第1の「演出」ポイント。
　そこで，まず，何を問う問題となり得るかを考えさせて，問題を完成させる。

この後にはどんなお話が続くでしょう？

　当然，「何人に配れるでしょう」という文章が続く。中には「あまりは何個でしょう」という子どももいるかもしれない。要は，「□□÷21」のわり算の話だということを確かめる。

答えは何人ですか？

　次に，いきなり答えを問うことで，子どもから「わかるはずがない」という声を引き出す。そして，わかるはずがない理由として被除数の数値が示されていないことに着目させる。これも「演出」の1つである。
　そこで，ヒントとして被除数の一の位が6であることを教え，改めて問う。

第7章

答えは何人ですか？

　このときの反応を大事にしたい。「わからない」という声が圧倒的に多いが，中に「6人」と応える子どももいる。つまり，一の位の「6」に着目し，21の一の位の「1」と比べている子どもである。仮にそんな子どもがいない場合は，教師が意図的に「6人でしょう！」と揺さぶってみる。これも大事な「演出」である。なぜなら，「絶対に6人には配れない！」と反論する子どもが現れるからである。このとき，反論する子どもの理由を他の子どもに探らせることが重要である。

　つまり，「21 × 6 = 126」で，手持ちのコインが3桁の数になってしまうという矛盾に気づかせるわけだ。結果的に，手持ちのコインの数は2桁であるということが強調される。

　そして，「21 × □」のかけ算で手持ちの数の検討がつけられるという見方を意識付けるために，次のように問う。

配れる人数の可能性は最高何人まで？

　すると，子どもたちは必ず十の位が最大値である96枚の場合を考えようとする。そして，「もし，96枚でも4人まで」と説明する。

　ただし，この話を聞いてもピンと来ない子どももいる。そのような子どもを納得させるため，「もし5人だったら，21 × 5 = 105になって3桁になるでしょう」と，周りの子どもから根拠として新たなかけ算が追加される。

　結果的に，2位数でわるわり算も，かけ算を使って考えれば処理できそうだという見方を子どもたちは獲得していくことになる。

3. わり算のきまりを視覚的，操作的に実感させる「演出」　「2桁でわるわり算」

「2桁でわるわり算」の学習における「演出」例を2つ紹介した。どちらも，わる数が2位数の場合の計算の仕方を考えること，そして確かな計算の技能を身につけることが主なねらいである。ただし，筆算形式を一方的に教えるのではなく，わる数が2位数であっても既習の考え方を使えば計算できるということを実感させることを重視した事例である。

子どもたちは「1桁でわるわり算」の筆算を学習しているので，2桁でわる場面にも筆算を用いようとする姿が現れても不思議ではないのだが，「筆算が全て」と考える子どもにはしたくないのである。「演出」の根底にあるのは，やはり，わり算の式に働きかけ，工夫して計算しようとする子どもの姿を大事にしたいという思いである。

ここでは，さらに「2桁でわるわり算」の「演出」例をもう一つ紹介したい。

まず，素材として円を〇等分してできる扇形の中心角を扱うこと，これが最大の「演出」ポイントである。

例えば，12等分した扇形の中心角は，「360÷12」というわり算で表される。子どもにとっては，2桁でわるわり算は未習である。しかし，円を等分割した扇形の中心角だからこそ，12等分した扇形の中心角を，「60÷2」や

第7章

「90÷3」，「120÷4」，「180÷6」という既習のわり算で考える子どもが現れる。円を12等分した扇形の中心角は，6等分した扇形の中心角を半分にした大きさ（360÷12＝360÷6÷2）とか4等分した扇形の中心角を3でわった大きさ（360÷12＝360÷4÷3），あるいは3等分した扇形の中心角を4でわった大きさ（360÷12＝360÷3÷4）や半円を6等分した大きさ（360÷12＝360÷2÷6）と見ているのである。

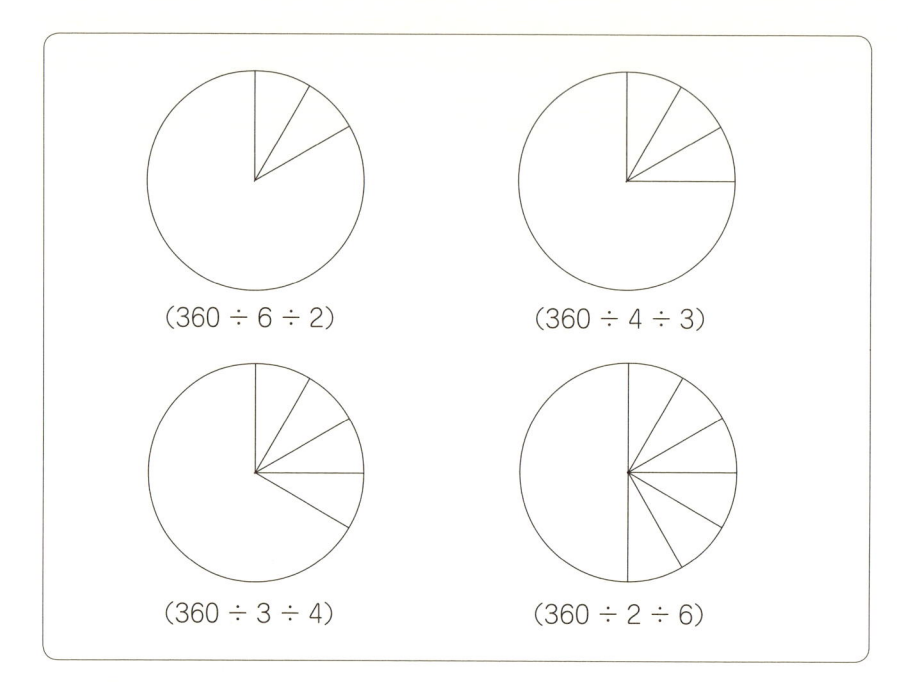

(360÷6÷2)　　　　　　(360÷4÷3)

(360÷3÷4)　　　　　　(360÷2÷6)

よく見ると，これらは円を12等分する過程，すなわち操作を表現した式になっている。

また，円を等分割した扇形の中心角を扱うことで，同じ360をわるわり算の式を対比する見方が自然に意識されることになる。

例えば，上記の操作に対応した式を整理していけば，わられる数とわる数を同じ数でわってもわり算の商は変わらないというわり算のきまりが見えてくる。

```
 360÷12
   ↓÷2  ↓÷2
=180÷ 6
   ↓÷2  ↓÷2
=  90÷ 3
```

```
 360÷12
   ↓÷3  ↓÷3
=120÷ 4
   ↓÷2  ↓÷2
=  60÷ 2
```

また，下のように円を2等分，3等分，4等分…した扇形の中心角の大きさを表す式を整理していくと，わる数が2倍3倍…になれば商が「÷2」「÷3」…になるという反比例の素地的な見方であるわり算のきまりも意識させることができる。

これらの見方が子どもから引き出せるのも，円を等分割した扇形を教材にした教師の「演出」があればこそである。結果的に，子どもたちは，わる数が2位数であっても既習をもとにすればわり算は処理できるという見通しを持つことができるようになる。

また，12等分した扇形の中心角（商）が30°であることを「30 × 12 = 360」というかけ算で確かめることも大事にしたい。すなわち，扇形を12枚並べてもとの円に戻すという操作を通して，「360 ÷ 12」は，結局，「□ × 12 = 360」となる□を考えているというわり算の計算処理の意味を確認することになるからである。このような具体的な操作を体験させることも教師の「演出」として欠かせないポイントとなる。

```
 2等分・・・360÷2＝180
 3等分・・・360÷3＝120
 4等分・・・360÷4＝90
 5等分・・・360÷5＝72
 6等分・・・360÷6＝60
 8等分・・・360÷8＝45
 9等分・・・360÷9＝40
10等分・・・360÷10＝36
12等分・・・360÷12＝30
```

4. 異国の計算と比較させる場面の「演出」
「2桁でわるわり算」

「算数って面白いなあ」「算数って不思議だなあ」と感じ，算数を好きになる子ども，こういう子どもを育てていくためには，どのような算数授業が必要なのであろう。

そんなことを考えている一方で，算数の話題として少人数・習熟度別指導に関するものが私の耳に届く。確かな学力の向上を目標として，「個に応じた指導」がスローガンとして声高々に叫ばれているからだ。

子どもたちに確かな学力を身につけさせる，その理念には私も素直に賛成できる。ただし，「個に応じた指導」を形式的にとらえた手段が，そのような力を身につけさせることに直結するのだろうかというと，甚だ疑問である。形式を伝達し，覚えさせるだけならば可能かもしれないが…。

もし仮に「個に応じた指導」によって確かな学力が身についたとして，では，「算数好き」の子どもは増えていくのだろうか。算数が好きになるというのは，ただ学力がつくだけの問題ではない。学力といわれるものをどのように獲得したのかという獲得の仕方，あるいはそのときに味わう感動こそが「算数好き」の子どもを育てる原動力なのである。

言い換えれば，事象に対する子どもの見方や考え方が大きく転換されるような面白さが算数授業の中にあるかどうかということである。

ところで，これまでにも述べてきたように，計算指導というと，すぐに筆算形式を指導することだと考える人がいる。その考え方は，同時に計算といえば筆算ができるようになることだと考える子どもを育てることにもなり，

………ドラマを生み出す教師の「演出」・4学年

結果的に保護者も同様に考えるようになる。だから，学校の算数授業よりも早く先取り知識として，「筆算形式を覚えさせておけば安心だ」と考えるような保護者も現われる。

　しかし，私はこのような子どもたちを可哀想だと思う。算数の授業で筆算について学習するとき，「もう知っているよ」といって，その計算処理の仕組みや意味まで考えようとは思わないからだ。

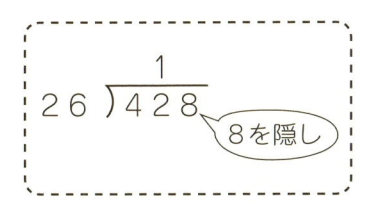

　例えば，「428÷26」の計算を扱う場面を考えてみることにする。

　まず最初に，左のような筆算形式を整え，「一の位の8を隠して42の中に26は1つ取れるから商として1をたてます」というようにその手順だけを指導する授業であると，先取り知識のある子どもたちには，新しく学ぶことは全くない。

　しかし，このような子どもも，「なぜ8を隠すのか」という理由や「42の中に26が1つ取れるから1をたてる」ということが何をしていることであるのかという意味はわかっていない。

　仮に，そのことを尋ねたとしても，「だってそういうふうにしなければいけないんだもの」という答えが返ってくるだけである。つまり，わり算の筆算はこうするものだという固定的な見方に洗脳されているのである。

　その証拠に，このような子どもは，例えば右図のようなわり算の筆算処理から抜け出しにくいことがある。

　「たてる⇒かける⇒ひく⇒おろす」と覚えた手順通りにしか対応することができず，省略できるところが省略できない。わり算の筆算処理が何をしていることなのかわかっていないからである。

　このような子どもに対する教師の「演出」として，右のような素材を扱っ

▷ 111

第7章

てみる。

　黒板に「これは何？」と書いて素材を提示すると、子どもたちはすぐにこの不思議な数字の配列に興味を持つ。

```
           16
            1
            5
           10
       ─────────
       428 : 26
       -260
       ─────────
        168
       -130
       ─────────
         38
       -  26
       ─────────
         12
```

「何だこれ？」
「：があるから時間かな？」
「ひき算がある！」
「26だけ何もしていない」
「1 + 5 + 10 = 16, たし算になっている」

　口々に気づいたことをつぶやき始める子どもの姿が目に留まる。

　すると、「これ、わり算じゃないの？」という声が私の耳に届いた。と同時に、そんな視点を全く意識していなかった周りの子どもたちも、「わり算」という目で素材を見始めた。

「そうだ、428 ÷ 26 だ」
「商は16で、あまりは12」
「だって26 × 10 が260で、26 × 5 が130、26 × 1 が26」

　子どもたちにもこの仕組みが見えてきたところで、新たに「716：20」と提示し、この処理方法でわり算の計算をさせてみた。
　ところが、ここで子どもたちは新たな特徴に気が付いた。

○……… ドラマを生み出す教師の「演出」・4学年

```
    35                35
     5                 5
    10                30
    10             ─────
    10             716 : 20
  ─────             -600
  716 : 20           ───
   -200              116
   ───              -100
    516              ───
   -200               16
    ───
    316
   -200
    ───
    116
   -100
    ───
     16
```

「『たてる』⇒『かける』⇒『ひく』の繰り返しになっている」
「これには,『おろす』がない」
「自由に好きな数字をたてるので,人によってわり算をした形がちがう」
「『たてる』数や『たてる』順番が人によってちがう」

実は,これは「ドイツのわり算の筆算形式」である。
　あえてこれを教材として扱うことで,わり算に対する柔軟な見方を意識させようと考えたわけである。結果的に,子どもは「わり算では716から20がいくつ取れるか考えればいい」というわり算の包含除的な仕組みとともに,筆算も固定的なものではないという見方を意識することができた。

5. 獲得した見方を使う面白さを味わわせる「演出」　「偶数・奇数」

「どちらがどれだけ大きい？」

この板書から授業を始める。そして，30，50の2つの数字を書くと，空かさず「50の方が30より20大きい」と言う。このままでは1年生の勉強である。だから，「そんな単純なことじゃないよ」と言いつつ，次のように書き加えた。

「30〜50の中の偶数の和と奇数の和」

子どもたちに「どちらがどれだけ大きい？」と尋ねてみたが，「そんなのすぐにわからないよ！」という反応が返ってきた。しかし，あえてどちらが大きいと思うかということだけ直観で予想させた。面白いことに偶数と奇数にほぼ半数ずつ予想が分かれた。だからこそ，確かめてみたいという意識が子どもたちに生まれた。

◆ 偶数の和と奇数の和

問題を解き始めた子どもの多くは，まず，30〜50の整数を偶数と奇数に分けて書き出した。

```
偶数 ･･･ 30, 32, 34, 36, 38, 40, 42, 44, 46, 48, 50
奇数 ･･･ 31, 33, 35, 37, 39, 41, 43, 45, 47, 49
```

間もなく，「偶数の方が多い！」，「多分，偶数の和の方が大きいはずだ」という声が私の耳に届いた。

そこで，一度手を止めさせて，偶数と奇数がそれぞれ何個あるかを確かめ

ることにした。
　「偶数は11個」「奇数は10個」
　中には、このことだけでも意外に思っている子どもがいた。30～50の整数の個数が「50－30＝20」と思っていた子である。しかし、偶数が11個という事実から、そのわけを確かめておいた。実は、これが本時の授業における「演出」の大事な伏線となる。

> 「30から始まっているから、30も入っているんだよ」
> 「だから整数の個数は50－29＝21になる」

　偶数と奇数の個数が明らかになると、子どもたちは口々に「間違いなく偶数の和の方が大きい」と言う。理由は「個数が1個多いんだから絶対に和も大きくなる」というのである。

　そこで、本当にそうなるかどうか、再び個人で確かめる時間を保障した。
　「偶数の方が大きい！」、「いくつ大きいのかもわかったよ」そんな声が学級の中に広がった。
　個々に答えが求められたところで、先に答えを確かめた。

・・

○ **偶数の和**

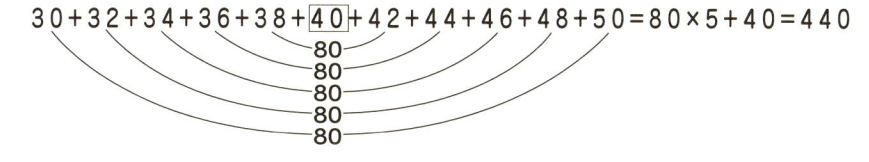

$30+32+34+36+38+\boxed{40}+42+44+46+48+50=80×5+40=440$

ペアの和はそれぞれ 80, 80, 80, 80, 80

・・

第7章

○ 奇数の和
31＋33＋35＋37＋39＋41＋43＋45＋47＋49＝80×5＝400

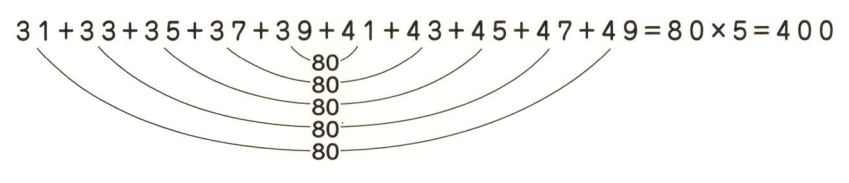

「偶数の和の方が40大きい」
　子どもたちの多くは，次のように偶数の和と奇数の和をそれぞれ工夫して求めて，その差を出していた。
　ところが，A子は「50－10＝40」という全く別の式で答えを求めていた。
　ひき算の式に現れている数は50と10。それぞれ何の数なのか？A子の式の意味を探る場面を設定することが教師の「演出」となる。
　周りの子どもたちにも50はすぐに想像できた。30～50の整数の「50だろう」と言う。式を書いたA子も「そうだ」と言う。
　では，10とは何の数か？隣同士で相談させてみた。すると教室のあちこちで「そうか！」という声が上がり始めた。
　そして，下のように書き表して，奇数の31～49までは偶数の30～48よりそれぞれ1ずつ大きいから10個で10大きいんだ」という関係を発見した。

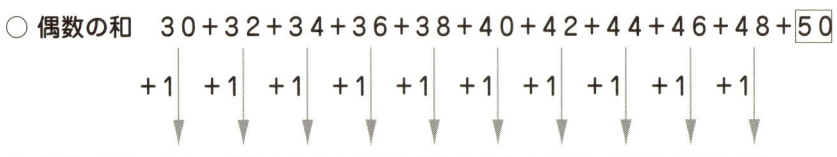

○ 偶数の和　30＋32＋34＋36＋38＋40＋42＋44＋46＋48＋50
　　　　　　　+1 +1 +1 +1 +1 +1 +1 +1 +1 +1

○ 奇数の和　31＋33＋35＋37＋39＋41＋43＋45＋47＋49

▷ 116

そして,「だから,50 − 10 ＝ 40 でわかるんだ！面白い！」
Ａ子の考えを通して,新たな見方を意識した瞬間である。

◆ だったら,こういう場合は…

「じゃあ,数を変えてみるよ！」
これがこの授業において最も重要な「演出」。
今度は,問題の「30 〜 50」という数を「20 〜 39」に変えて考えさせるようにした。

中には,相変わらず偶数と奇数の和をそれぞれ求めようとしている子どももいるが,多くの子どもは直ぐさま「わかった！簡単！」「奇数の和が 10 大きい」と言う。
確かめる意味で,偶数と奇数の和をそれぞれ求めさせてみると,偶数の和は 290,奇数の和は 300 である。答えは合っている。しかし,なぜ,すぐに答えがわかったのか？それぞれの和を求めていた子どもの問いである。

「だって,さっきのＡ子の考えを使えばいいんだよ」
「20 〜 39 だったら偶数も奇数もどちらも同じ 10 個ずつでしょ」
「奇数の方が偶数より全部 1 ずつ大きいから,合計 10 大きくなるんだよ」

Ａ子の考えを適用することのよさを実感した子どもたちは,「だったら,21 〜 40 のときは偶数の和が 10 大きくなる」とか「1 〜 100 だったら偶数の和が 50 大きい」と言い始めた。と同時に「偶数と奇数の関係って面白いね」という声も耳に届いてきた。

第8章

整数の計算で行った
「演出」の
その後の効果

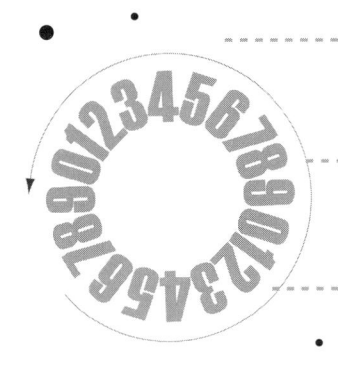

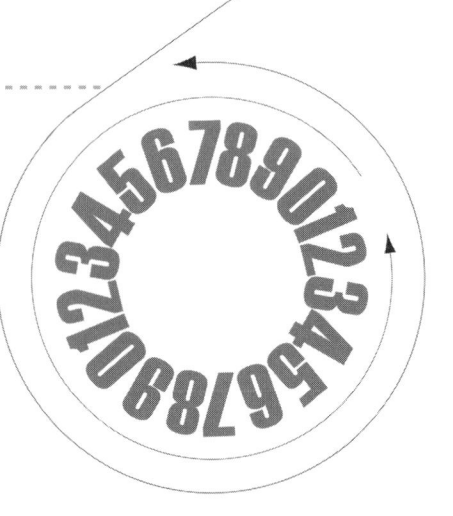

○………… 整数の計算で行った「演出」のその後の効果

　整数の範囲内で，前章で紹介したような様々なドラマを生み出す演出を体験してきた子どもたちは，計算授業に対する取り組み方が柔軟になる。「計算といえば筆算の形式を覚えるもの」等の狭くて固い計算観を持ち合わせている子どもはいない。

　だから，高学年になって小数や分数の計算に立ち向かっていくときにも，「必ず何か面白いことがあるはずだ」と考える子どもの姿が現れる。その一例を，本書の最後の事例として紹介しておきたい。

　次のような問題をもとに，「80×2.3」の計算について考える授業である。

> 　1mの代金が80円のリボンがあります。このリボンを2.3m買ったときの代金はいくらでしょう。

1. 演算決定

　ごく普通の問題だが，まず，問題場面を数直線に書き表して，問題の構造を捉えることから始める。ただし，最初に示すのは2本の直線（①）だけで，子どもたちとのやり取りを通して②のような数直線を完成させていく。

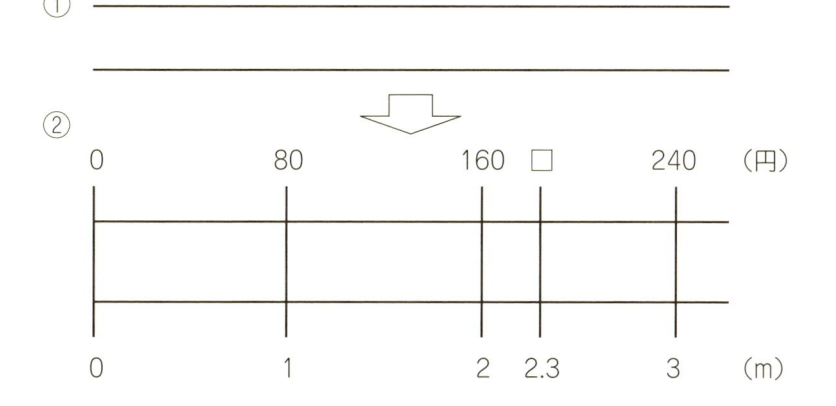

①

②
```
0      80     160  □   240   (円)
|──────|──────|───|───|
|──────|──────|───|───|
0       1      2  2.3  3    (m)
```

▷ 119

第8章

　ここで大事にしたいのは，子ども自身が数直線を書けるようになることである。そのため，次のようなことに配慮する。

> ○直線を2本示すことで，長さと代金をそれぞれ別々の数直線に表すことに気付かせる。
> ○数値のわかる目盛り（0 m, 0円）（1 m, 80円）（2 m, 160円）（3 m, 240円）をつけることで，長さと代金の対応に目を向けさせる。特に，問題中には出てこない（2 m, 160円）（3 m, 240円）も書き入れさせることで，量感をイメージしやすくする。
> ○問われている長さ（2.3 m）と代金（□円）を書き加えさせることで，代金に対する見積もりを持たせる。

　そして，2.3 mのリボンの代金を求める式について確認するわけだが，例えば2 mや3 mの場合に「80×2」や「80×3」になるから，あるいは言葉の式が「1 mのリボンの代金×長さ＝代金」だから，といった形式不易の考え方で安易にかけ算と結びつけたくない。せっかく数直線をかいたのに，これでは数直線のよさが生かせない。

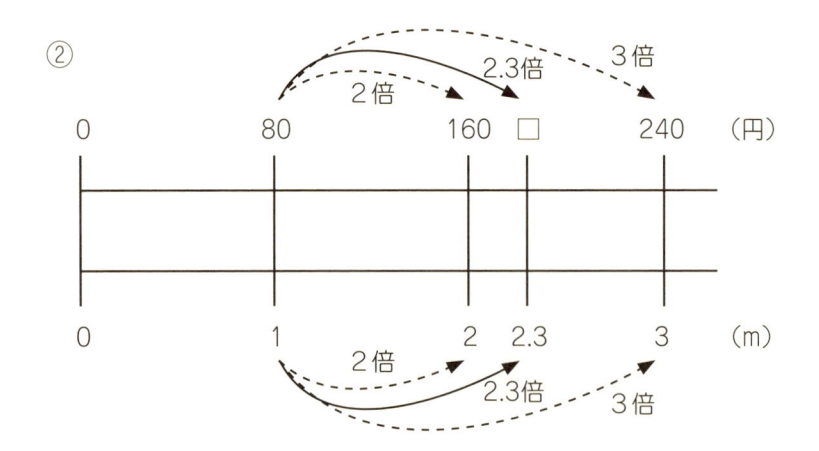

②

```
        2倍    2.3倍    3倍
   0    80    160   □   240  （円）
   ├────┼────┼───┼────┤
   │    │    │   │    │
   ├────┼────┼───┼────┤
   0    1    2  2.3   3   （m）
        2倍   2.3倍  3倍
```

数直線で大事にしたいのは，「長さが2.3倍になるから代金も2.3倍になる」という比例の見方である。そのため，「2.3 mは1 mの2.3倍になっている」という倍の関係や量感を，子どもにもっと意識させたい。「決して『1 mの代金』に『長さ』をかけているのではない」という見方が伴って，初めて「80×2.3」の意味が理解される。

　演算決定能力を高めるためには，やはり完成した数直線やほぼ完成した数直線（虫食いになっている数直線）を最初から子どもに与えるのではなく，試行錯誤しながら子どもと一緒に完成させていく過程を大事にしなければならない。このような地道な活動が，子どもから「そうか！わかった！だからかけ算になるんだ」という声を引き出すことにつながっていく。

2. 計算の処理の仕方と意味付け

　式が確認されると，次はその計算処理の仕方について考えることになる。この場面で子どもから現れやすいのは，次の3種類の方法である。

【A　0.1 mの代金から考える】
　0.1 mの代金は　80÷10＝8（円）である。
　2.3 mは0.1 mの23倍だから　8×23＝184（円）

【B　23 mの代金考える（10倍して考える）】
　23 mの代金は　80×23＝1840（円）
　しかし，実際は2.3 mなので　1840÷10＝184（円）

【C　2 mの代金と0.3 mの代金に分けて考える】
　2 mの代金は　80×2＝160（円）
　0.3 mの代金はAと同様に，0.1 mの代金の3倍だから　8×3＝24（円）
　160＋24＝184（円）

3. 小数のかけ算の筆算形式

計算処理の仕方について考えた後は，通常，一般的な小数のかけ算の筆算形式へと繋げていくことになる。

しかし，やはり，ここでも教師の「演出」が不可欠である。

その「演出」とは，次のような3種類の筆算の書き方を見せるというものである。

```
①            ②            ③
   8 0           8 0           8 0
×  2.3        ×  2.3         ×2.3
```

①②③のように書き表すのは，意味がそれぞれ異なっているからである。

①は，【B　23mの代金考える(10倍して考える)】の考え方の筆算である。だからこそ「80×23」という整数の筆算のように数が並ぶ。

②は，【C　2mの代金と0.3mの代金に分けて考える】の考え方の筆算である。整数の2と小数の0.3を分けて考えているから，位を揃えた書き方となる。

③は，【A　0.1mの代金から考える】の考え方の筆算である。0.1mの代金8円をもとにするAの考え方だからこそ，あたかも「8×23」の整数の筆算のような形となる。

子どもたちには，①②③の筆算形式が，それぞれA，B，Cのどの考え方に基づいているのかを判断させるようにする。特に，①と③について検討させる中で，整数の筆算と対比する見方を子どもの言葉で引き出すのがこの「演出」のポイント。

○......... 整数の計算で行った「演出」のその後の効果

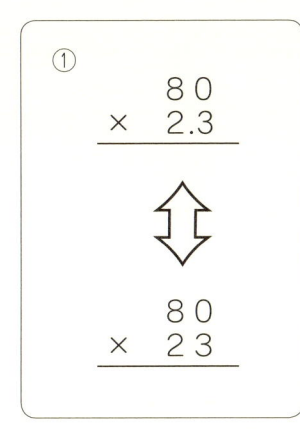

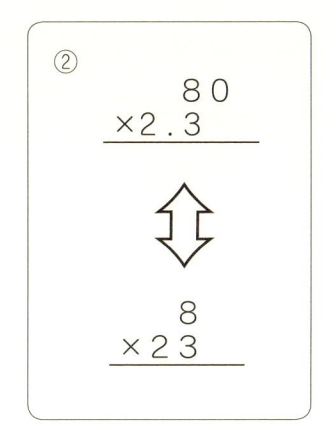

```
①  80        ②   80
  ×2.3          ×2.3
   ⇕             ⇕
    80             8
  × 23          ×23
```

　それぞれの形式の意味が確認できると，子どもたちに「どの筆算で計算したい？」と尋ねてみる。ほぼ全員の子どもは①を選ぶ。それは，2.3 を 10 倍して 23 にすると，既習の「80 × 23」という整数のかけ算と全く同じ形になるからである。
　このような演出を通して，「80 × 2.3」という小数の計算も，結局，「80 × 23」という整数の計算で処理しているという仕組みを実感するとともに，「80 × 23」の積である「1840」を最後に「10 でわる」意味についての理解も深まる。決して「小数点の位置が右に○個ずらしたから，積の小数点を左に○個動かしている」という形式的な処理の方法を覚えさせるのではない。
　やはり，整数の計算に対する理解や計算観が豊かな子どもは，例え小数の計算であっても形式を「覚える」ことに価値を置くのではなく，形式を「創っていく過程」に価値を見出し，面白がっていくわけである。

おわりに

　本書では，計算授業に対して，「ドラマ」と「演出」というキーワードをもとに整理してみた。
　最後に，「ドラマが生まれる計算授業」を実現するために，教師自身が意識しておくべきことを確認しておきたい。

> ○ 計算は子どもにとって楽しいものであり，興味深い発見のあるものだととらえているか（子どもにとっての計算観）
> ○ 筆算をはじめとした計算の形式化を急ぎ過ぎていないか（計算方法を創り上げる過程の価値）
> ○ 正しく筆算ができるようになるという計算技能の定着ばかりを目指していないか（計算指導の目標のとらえ）
> ○ 子どもが面白いと感じるような計算教材の工夫及び開発をしようとしているか（計算指導の教材観）
> ○ 子どもがワクワクドキドキするような演出を用意して授業に臨んでいるか（計算指導の授業観）

　継続は力なり。子どもの笑顔が見られる計算授業，ドラマが生まれる計算授業の実現に向けた良き試みの継続に期待したい。

1963年 高知県生まれ。高知市立の公立小学校教諭、
高知大学教育学部附属小学校教諭を経て、
1999年 筑波大学附属小学校教諭着任，現在に至る。
全国算数授業研究会理事、
全国算数授業ICT研究会副代表、基幹学力研究会理事、
日本数学教育学会渉外部幹事。

山本良和

主な著書：「学校図書版　小学校算数教科書」編集委員
『最低基準を超える算数授業づくり』（東洋館出版）
『学習意欲がぐんぐんわく算数的問題提示１０のポイント』
（学事出版）
『新学力!習得・活用・探究を支える算数の授業づくり』
（明治図書）
『ヨッシーの算数教室感動ある授業づくりのヒント』
（東洋館出版）他多数。

レベルアップ授業力
計算について考え、感動を味わう
子どもを育てる「演出」
ドラマを生み出す計算授業

平成22年　9月11日　初版第1刷発行

著者　　山本良和
発行者　奈良　威
発行所　学校図書株式会社
　　　　〒141-8531東京都品川区西五反田7-24-5
　　　　電話03-3492-3711
　　　　FAX03-3492-4559
　　　　URL http://www.gakuto.co.jp

装丁・ブックデザイン　大久保　浩＋OHKUBO FACTORY

ⓒ Yoshikazu Yamamoto 2010
ISBN978-4-7625-0134-0 C3037